幼儿园课程资源
开 发 与 利 用 丛书

丛书主编　钱月琴

花花草草

主　编　张利妹　倪霞影　顾小芳　吴建娟
编　委　徐丽娟　何毓晗　劳留晴　张玲玲　竺家慧　顾　萍

苏州大学出版社

图书在版编目(CIP)数据

幼儿园课程资源开发与利用丛书. 花花草草／钱月琴主编；张利妹等分册主编. --苏州：苏州大学出版社，2023.7(2023.9重印)
 ISBN 978-7-5672-4428-3

Ⅰ. ①幼… Ⅱ. ①钱… ②张… Ⅲ. ①学前教育-教学参考资料 Ⅳ. ①G613

中国国家版本馆 CIP 数据核字(2023)第 098788 号

书　　名	花花草草 HUAHUA CAOCAO
主　　编	张利妹　倪霞影　顾小芳　吴建娟
责任编辑	张　凝
策　　划	谢金海
出版发行	苏州大学出版社(Soochow University Press)
社　　址	苏州市十梓街1号　邮编：215006
印　　刷	苏州市古得堡数码印刷有限公司
邮购热线	0512-67480030
销售热线	0512-67481020
开　　本	889 mm×1 194 mm　1/20　印张：6.2　字数：121 千
版　　次	2023 年 7 月第 1 版
印　　次	2023 年 9 月第 3 次印刷
书　　号	ISBN 978-7-5672-4428-3
定　　价	58.00 元

若有印装错误，本社负责调换
苏州大学出版社营销部　电话：0512-67481020
苏州大学出版社网址　http://www.sudapress.com
苏州大学出版社邮箱　sdcbs@suda.edu.cn

"幼儿园课程资源开发与利用丛书"
编委会

顾　问　张春霞

主　任　季小峰

副主任　周　萍　顾忆红

编　委（按姓氏笔画排序）

王亚红　王惠芬　吕淑萍　朱　静　孙文侃

吴小勤　沈　红　沈方勤　沈艳凤　张　琼

张利妹　陈小平　陈秋英　胡　娟　莫美华

钱明娟　徐　桢　徐国芬

序

  吴江区高度重视学前教育的发展。长期以来，吴江区学前教育工作者注重抓内涵、提质量，在幼儿园课程建设方面做了很多扎实有效的工作。

  江苏省实施课程游戏化项目以来，吴江区学前教育工作者努力进行课程游戏化的区域推进，为课程游戏化提供了示范，吴江区涌现出了许多高质量课程建设的典型。尤其是在资源深度挖掘和利用方面，很多幼儿园强化课程意识和资源意识，增强目标意识和效率意识，深入挖掘和利用本地课程资源，努力将资源优势转化为经验优势，形成了课程资源开发和利用的吴江经验。

  吴江是一个具有深厚文化历史底蕴的地方，名人、遗迹、名胜不胜枚举，具有鲜明江南特色的古镇和村落，丰厚肥沃的土地，孕育了万千生命和厚重的文化。对于如何挖掘和利用吴江的自然与文化资源，吴江的老师们进行了积极的探索和创新。他们从幼儿身心发展规律出发，深入分析本地各类资源对儿童发展的价值，形成了一系列资源开发和利用的途径与策略，让幼儿在多样化的活动中感受文化、体验文化、表达文化、理解文化和创新文化。丰富的幼儿园课程内容，充实了儿童的生活，增进了儿童的体验和情感，增强了儿童的操作和表现能力。

  这套丛书是吴江区各幼儿园从不同的资源出发，深入研究儿童的需要和兴趣，系统开展多种形式的活动，充分利用儿童的多种感官，有效促进儿童对文化的了解、理解和表达，不断丰富和充实儿童经验的实践成果。相信这套丛书一定能给幼儿园课程建设提供有益的经验和启示，一定能为学前教育质量的提升做出贡献。

南京师范大学教育科学学院教授、博士生导师
2023 年 5 月

#

莼鲈之香正十年

秋风斜阳鲈正肥，扁舟系岸不忍去。

吴江位于苏浙沪两省一市的地理交界处，是"鱼米之乡""丝绸之府"，有古镇、蚕桑、运河……历史悠久，资源丰富。

十余年来，吴江学前教育坚持以"贯彻落实《3—6岁儿童学习与发展指南》精神，开展幼儿园生活化游戏化课程建设"为抓手，区域性全面推进、全类覆盖、全员参与课程游戏化项目区实践。"区域推进不是要求区域统一，本质是让幼儿园各尽其能，充分调动每一位教师的专业才智，充分利用一切空间和资源，最大限度地发挥对儿童发展的支持和促进作用，从而提升教育质量。"（虞永平）十余年间，吴江幼教人通过改造环境、优化课程、专家引领、提升师资、追随儿童、科学评价等策略，营造了良好的学前教育生态，从"幼有所育"走向"幼有优育"。

吴江区各幼儿园从资源入手积极探索"资源—活动—经验"的实践路径，通过梳理、分析本园资源，建构课程资源地图，制作课程资源清单，开展多样化教育活动，尝试建设适合本园的课程，积累了大量的一手资料，于是就有了这套"幼儿园课程资源开发与利用丛书"。

本套丛书不仅是吴江区各幼儿园在课程建设中开发利用本园周围的资源，开拓儿童课程源泉，促进儿童全面发展的生动实例，还是凝聚着全区"学前教育发展共同体"踔厉奋发、笃行不怠的成长足迹和探究精神的宝贵财富。在这套丛书里，你可能会看到因为年轻而存在的稚气，但更会看到因为年轻而勃发的对教育的追求和活力。

  本套丛书有以下三个特点：一是实践性，每类资源的开发和活动的组织都是幼儿园实践过的；二是操作性，幼儿园提供了某资源开发和利用的理念、路径、方法和具体的活动，可以为同行提供范例和借鉴；三是普适性，这套丛书涉及的资源都是日常生活中普遍存在的、与幼儿生活密切相关的。本套丛书共有十三个分册，每个分册都是从资源介绍、开发理念、资源清单、基本路径、活动列举、课程计划、方案设计、活动叙事八个方面来编写的。虽然这些都是一线教师的实践积累，但在理念上可能尚有偏颇，在实践中可能存在需要改进的地方，不足之处敬请专家和同行提出宝贵意见，以便让这套书不断完善。

  十年磨一剑，蓄势再扬帆。在未来十年，乃至更长一段时间，吴江区学前教育会继续与时俱进，勇立潮头，办出更多老百姓家门口的高质量幼儿园。

丛书编委会
2023 年 5 月

目　录

- 资源介绍 /1
- 开发理念 /2
- 资源清单
  - 花草资源地图 /4
  - 花草资源清单 /5
- 基本路径 /7
- 活动列举 /10

- 课程计划
  - 学期课程计划 /15
  - 主题活动计划 /18

- 方案设计
  - **主题活动方案** /22
    - *小花草，大世界（大班）* /22
      - 一、集体活动　彩虹色的花 /22
      - 二、参观活动　盛开的桃花 /24
      - 三、生活环节渗透　认识海棠花 /25
      - 四、集体活动　我很快乐 /27
      - 五、劳动活动　撑把"太阳伞" /29
      - 六、区域活动　蝴蝶找花 /30
      - 七、集体活动　鲜花时钟 /32
      - 八、调查活动　野花地图 /34
      - 九、区域活动　拼贴线描画 /35
      - 十、集体活动　花的语言 /36

十一、收集活动　花的美食　/47

十二、生活环节渗透　好吃的花儿　/49

十三、劳动活动　制作花茶　/40

十四、集体活动　会跳舞的蒲公英　/41

十五、区域活动　花花工坊　/43

十六、区域活动　花朵变色了　/45

十七、集体活动　花儿的秘密　/47

系列活动方案　/49

会飞的翅果菊（小班）　/49

一、集体活动　遇见翅果菊　/49

二、集体活动　盛开的翅果菊　/51

三、集体活动　会飞的小伞　/54

四、生活环节渗透　翅果菊的一天　/55

我和波斯菊的故事（大班）　/57

一、劳动活动　花田小路　/57

二、集体活动　保护波斯菊大行动　/58

三、写生活动　波斯菊写生　/60

四、集体活动　测量波斯菊　/62

五、区域活动　波斯菊拓印　/64

单个活动方案　/66

一、劳动活动　种植薄荷（小班）　/66

二、区域活动　一篮狗尾草（小班）　/68

三、集体活动　蔷薇花开（中班）　/69

四、区域活动　天空花店（大班）　/72

五、集体活动　又见花儿开（大班）　/75

六、集体活动　留住秋天的美（大班）　/76

七、集体活动　神奇的中草药（大班）　/78

活动叙事

你好，翅果菊（中班）　/81

我们和花的那些故事（大班）　/92

凌霄花开了（大班）　/102

后　记　/115

资源介绍

海棠花开，梅幼春来。福禄贝尔曾这样定义幼儿园——"为孩子而建的花园"。苏州市吴江区梅堰幼儿园就像一个大花园，花开告四季，花谢知时节。环顾园内，各色花草生机勃勃、绿意盎然，幼儿可以在这里尽情游戏、尽情探险。

梅堰幼儿园在全区幼儿园中拥有最为丰富的花草资源。幼儿园拐角处、小路边、水池旁、沙池里……每个角角落落都能见到它们的身影。当然，幼儿园也规划了若干相对集中的地块，以满足幼儿更加自主、深入的探究，比如：

地块一，户外涂鸦区附近的地面，面积约 20 平方米，由幼儿自己规划、开垦铺路、选择花种。

地块二，果园区四周，约 30 平方米。从最初的少量人工区域种植，到后期因种子随风飘扬、四处散播的自然生长，这里已经成了美丽的"月见草花园"。

地块三，园内东围墙，约 90 平方米，种有四类爬墙花卉。在不同季节，金银花、蔷薇花、凌霄花和月季花竞相绽放，使围墙成了五彩花墙。

地块四，幼儿园西围墙，约 20 平方米，种有大片的蔷薇花。每当蔷薇花开时，蔷薇花墙让幼儿园成了小镇一道美丽的风景，成了网红打卡地。

地块五，迷宫区域，约 50 平方米，种有丹桂和金桂两种桂花树。秋意浓时，桂花正香，经常能看到幼儿穿梭在一棵棵桂花树间，闻桂花、摇桂花、收集桂花……

地块六，山坡区域，约 20 平方米；地块七，沙水区域，约 40 平方米。这里野花、野草尽情生长，有蒲公英、马兰头、车前草、地锦草……一道美味、一枚良药，幼儿探究其间充满惊喜与可能。

目前，幼儿园整理出了 60 多种草本花，17 种木本花。有人工种植的樱花、角堇、桃花等，也

有野生的婆婆纳、一年蓬、附地菜、野豌豆等,这些花草资源不是一成不变的,而是动态的生物资源。

花草资源是多变的,会因为时间和偶然因素的介入而改变生长环境和地点。今年这里是一片一年蓬,明年也许就是一片野豌豆了,种子随风飘扬,生长的地点随之改变;它们会跟随四季,呈现出不同的生长样态。春天是刚探出头的嫩芽,夏天就成了一片葱郁,秋天果实挂满枝头,冬天却成了"光杆司令"。

花草资源呈现出一个个完整的生命周期,展现了种子从萌发到枯萎的生命历程。它们以相似的轨迹同时展现出不同的风姿。它们的花期长短不一,月见草花期有四个月之久,可桃花就只有一周左右;它们具有不同的用途和功效,有的用作美容、有的用作消炎、有的用作养生……

正因如此,幼儿园的花草资源一直在有规划地丰富着。早期开发商种的花草品种并不多,大部分是后期根据课程和幼儿的需求慢慢增添的。如今,经过八年多的改造、累积,幼儿园的花草资源已经成为最有魅力、最有特色的课程资源,已经成为最生动、美丽的课程活动对象了。

开发理念

对于一所农村幼儿园来说,拥有几十种花草资源无疑会极大地丰富课程资源,就如南京师范大学虞永平教授说过的那样:幼儿园课程不是以教科书为导向的,而是依据《3—6岁儿童学习与发展指南》所确立的目标体系,结合每个幼儿园幼儿发展的状况和教师、资源等实际情况加以建设和发展的,幼儿园课程具有园本化的特点。在花草资源的开发与利用中,我们更加清醒地意识到以下三个方面的重要性。

要关注儿童的生活

卡尔·罗杰斯说过:"只有当儿童察觉到学习内容与自己有关时,才会全身心投入,意义学习才会发生。"也就是说,课程内容只有来源于幼儿的生活,让幼儿真切地看到、闻到、摸到时,幼儿的学习才能更有效。这不正是花草资源的优势吗?当幼儿来园时、在户外活动时、午间散步时……他们无时无刻不置身于花草的世界中,感受着生活的美好。

要尊重儿童的需要

"知之者不如好之者,好之者不如乐之者。"兴趣是幼儿学习的内驱力,只有当幼儿有了浓厚的兴趣,才能激发其求知欲、探索欲。在花草的世界里,四季更新迭代,事物的多样性、变化性和趣味性,总能吸引幼儿去观察、比较、发现,甚至引发幼儿进一步的思考与讨论,丰富他们对花草的已有经验,从而让他们对大自然产生热爱与敬畏之情。

要强调经验的建构

我国著名的学前教育专家张雪门认为:儿童的经验,是从接触自然物和自然现象、接触人世间以及接触和人类智慧所产生的文化而得来的。教师要利用幼儿感兴趣的花草资源开展丰富多样的活动,以帮助他们建构经验,如:关注花草的基本特征、生命周期、动植物间的生态联系或与人类的关系等,支持幼儿关键经验的建构,并及时捕捉幼儿感兴趣的新问题,生成系列活动,使幼儿获得新经验。我们应当跳出传统的"散点式"课程活动模式,让课程活动相互联系,相互融合,形成"线性""树状"或"网状"课程形态,以此帮助幼儿获得完整的、不断生长的经验。

幼儿热爱大自然,天生对大自然中的各种事物和现象充满好奇、同情和共鸣,那就让他们在这花草世界里尽情探索,并获得成长吧!

资源清单

　　幼儿园课程资源的核心价值在于实现从"课程资源"到"幼儿经验"的转化，即"资源—活动—经验"。花草资源为全过程参与幼儿活动提供了丰富的实践场，幼儿园也会不断生成各类花草资源的动态研究微项目。

 花草资源地图

　　这是一份在实践中不断升级而成的园内花草资源地图，由师幼共同绘制。

园内花草资源地图

从幼儿的"调查—观察—探究",到最终绘制出园内花草资源地图,其间,幼儿获得了各种经验。园内花草资源地图不是一下子成形的,它经过梳理、筛选、完善,历时一年多,从教师的绘制,到幼儿零碎的记录,到整体勾画,地图的建构成为课程的一部分实施过程。

园内花草资源地图的绘制是在资源梳理的基础上,由教师和幼儿共同参与的动态过程。幼儿通过绘图和拍照的方式,设计调查记录表,在家长和老师的支持下,对园内的花草有了初步的认识;幼儿对花开花谢充满了好奇,他们通过讨论制作关于花期的表格,观察与记录花期;幼儿从家里收集来各种地图,尝试了解地图是什么样的,并在一次次的讨论、探索中慢慢了解地图;幼儿行走在校园中,辨认各种花草,了解花草的位置,尝试把这些花草画下来、记下来……

 ## 花草资源清单

我们对园内的花草资源进行了系统的梳理,形成了一份资源清单。资源清单的梳理,是为了更有效地利用这些花草资源为幼儿和课程服务。

资源清单

类目	名称	数量/面积	花期	备注
花树	丹桂、金桂、红枫、梨树、桃树、橘子树、石榴树、枇杷树、红梅、蜡梅、日本晚樱、紫丁香、广玉兰、玉兰、垂丝海棠、乌桕、木槿、银杏、榉树	133棵 50平方米	四季	
花田	白车轴、紫花地丁、月见花、雏菊、细叶美女樱、石竹、小野菊、花叶蔓常春藤、红花满天星……	50平方米	四季	

续表

类目	名称	数量/面积	花期	备注
花墙	红金银花、白金银花、花叶蔓、凌霄、蔷薇、爬山虎、牵牛花、藤本月季	110平方米	四季	
草地	地毯草、狼尾草、狗尾草、马兰、地锦草、艾草、车前草、蒲公英、薄荷草……	60平方米	四季	

幼儿园丰富的花草资源是幼儿实践、研究、学习最好的自然场所。幼儿实践是一个不间断的认知过程,是新经验不断和原有认知相融合的过程。花草资源给幼儿带来乐趣,带来挑战,带来想象,带来专注,带来经验……老师们也在不断地思考,探索如何更有效地利用这些花草资源,以儿童为中心开展一系列对幼儿有价值的课程,并绘制出属于幼儿自己的个性化花草地图。

基本路径

大自然千姿百态，花草作为幼儿园的课程资源很容易被幼儿喜爱与关注。幼儿总是充满好奇，一朵花、一片草叶都会成为他们手里的宝物。在开发的过程中，教师基于幼儿的特点，尝试系统地架构课程，在多次开发与利用花草资源的过程中慢慢形成了从"资源到活动"的基本路径。

"花花草草"引发的活动路径

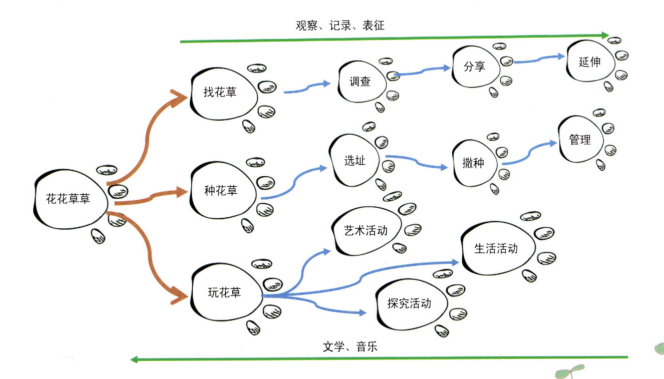

找花草

园内花草琳琅满目,春有海棠、夏有月见、秋有波斯菊、冬有蜡梅,可以说一年四季,天天有花。这是什么花?它要开多久呢?……这些问题成了幼儿的"口头禅"。通过家长问卷调查、百度查阅以及APP的使用,教师梳理出园内花草的品种,绘制了资源地图。幼儿从知道花草的名字,到发现花草的香、色、形等特征,进一步深入了解花草。花草已经成了幼儿一日活动中不可或缺的玩伴。

种花草

千姿百态的花朵,郁郁葱葱的小草,引发了幼儿园各种各样的活动。幼儿和老师一样,希望幼儿园里的花草越来越多,于是,他们开始寻找地块,开辟种植场,化身小花农,播种、照料、收获。在这一过程中,教师可以根据不同年龄段幼儿的特点,向他们提出不同的管理要求,让他们参与到种植管理的过程中去。种植活动的开展,不仅丰富了花草资源,也为幼儿提供了真实、生动、丰富的学习场。

玩花草

幼儿是天生的游戏高手,成人眼中看似简单无趣的材料,在他们手中可能就是乐趣无穷的道具。在户外,他们会发现花草需要水分的滋养,需要阳光的呵护;会发现花朵上停留的蝴蝶和蜜蜂可以传播花粉;会发现叶子后面的蚜虫或是花茎上的瓢虫会啃食花草;会发现泥土中的蚯蚓可以给花草松土;会发现翅果菊和月见花在傍晚的时候会闭合,早上又会重新舒展开;会发现含羞草受到外力触碰后会立即闭合……在发现、观察、研究的过程中,他们进一步感知花草与动物、气候及人类之间的关系;在不断观察探究的过程中,他们会发现花草的不同部位都是宝贝,可以入药、可以泡茶、可以做成糕点、可以成为餐桌上的美味佳肴等；五颜六色的花草成了幼儿开展艺术活动的首选材料，它们可以在白纸上被拓印出美丽的花纹，可以在布块上扎染艳丽的色彩，可以做成幼儿跳舞、唱歌的花环，也可以成为幼儿角色游戏中的装饰物……

有花草资源融入的课程活动慢慢形成了"找、种、玩"三条路径。这三条路径会相互交融、相互贯穿，交错在一起便形成了具有本园特色的花草资源开发路径。这些路径不会一成不变，它们会随着幼儿的兴趣和需要而不断更新变化。另外，还有很多描绘花草的文学作品和音乐，当它们融入花草资源的开发与利用后，又会产生新的路径，为幼儿提供更多的花草元素。我们期待着，幼儿会和花花草草一起，不断地为幼儿园开发出更多有趣、有意义的课程活动来。

活动列举

围绕花草资源进行探索研究，各班开展各种课程活动。教师从幼儿的兴趣出发，跟随幼儿的成长，在充分利用园内花草资源的基础上，根据园所、班级的情况及幼儿的年龄特点进行自主选择、深度开发，既可以在原有蓝本主题中生发，也可以自主开发新的主题。每个主题涵盖教学活动、区域活动、生活活动、实践活动、环境设计等，形式可以是集体活动，也可以是个别活动，教师有效整合资源，通过各类活动，让幼儿发现自然，探索花草，在玩中学、玩中成长。

活动列举表

活动类别与名称		领域	关键经验	年龄班	实施途径				
					教学	区域	生活环节	运动	实践
主题	春天真美丽（15）	健康、社会、科学、语言、艺术	1. 感受春天的美好，能关注身边的美丽春景，产生积极的情绪体验。 2. 用自己喜欢的方式表达对春天的喜爱。 3. 尝试用不同的方式制作各种各样的花。 4. 愿意用自己独特的方式表现春天的美丽，如：绿绿的小草和大树、五颜六色的花等。	小班	集体活动、小组活动、个别活动	美工区、生活区、科发区、语言区、扮演区	值日、就餐、散步	户外活动	劳动调查

续表

活动类别与名称		领域	关键经验	年龄班	实施途径				
					教学	区域	生活环节	运动	实践
主题	我和花儿有个约会（17）	健康、社会、科学、语言、艺术	1.能较完整地讲述自己与花儿的故事。 2.能对各种花朵进行观察、比较，发现其相同与不同；能用简单的线条和色彩大体表现出花朵。 3.能够感知和发现动植物的生长变化及其基本条件。 4.产生爱护植物的情感。	中班	集体活动、小组活动	美工区、科发区、语言区、扮演区、生活区	散步、值日、就餐	户外活动	劳动、调查、收集、帮厨
	绿色的春天（15）	健康、社会、科学、语言、艺术	1.知道春天是个万物生长的季节，关注自然环境的不断变化。 2.感受大自然美丽的景色，以各种方式表达自己的感受与体验。 3.能够使用不同的物体计量单位进行测量，并做简单的记录。 4.能够利用园内的自然资源进行艺术创作。	中班	集体活动、小组活动	美工区、科发区、语言区、建构区、生活区	散步、值日、就餐	户外活动	劳动、调查、收集
	春夏和秋冬（15）	健康、社会、科学、语言、艺术	1.感知并了解四季的不同及变化顺序，初步了解人类与环境的关系。 2.知道四季变化对植物生长的影响，了解四季中常见的树木、花草和它们的变化。	大班	集体活动、小组活动	美工区、生活区、建构区、科发区、语言区、扮演区	入园、散步、就餐	户外活动	劳动、调查、亲子
	小花草，大世界（17）	健康、社会、科学、语言、艺术	1.观察不同的花的颜色、形状等特征，学习观察的基本方法，提高观察与分类能力。 2.感受、发现并欣赏自然环境和人文景观中美的事物。 3.用不同的艺术形式表现花的美，提高动手创作能力。 4.学习做简单的测量和记录，并与他人分享。	大班	集体活动、小组活动	美工区、生活区、扮演区、科发区、语言区	散步	户外活动	调查、亲子、拓染、写生

续表

活动类别与名称		领域	关键经验	年龄班	实施途径				
					教学	区域	生活环节	运动	实践
系列	会飞的翅果菊（4）	科学、艺术、社会	1.通过观察，了解翅果菊的特点与生长环境。 2.能够说出翅果菊的外形特征，讨论自己在哪些地方见到过翅果菊。 4.愿意参与写生、插花等美术创造，感受翅果菊的魅力。 5.知道花朵虽美不能采，爱护花草，具有初步的环保意识。	小班	集体活动、小组活动	美工区、科发区	散步		观察
	向阳精灵（4）	科学、艺术	1.种植向日葵，观察并记录它的生长过程，感受种植的快乐。 2.能够使用不同的方式进行测量，并做简单的记录。 3.能用多种工具、材料或不同的手法表达自己的感受和想象。	中班	小组活动、集体活动	美工区、种植区、科发区	散步		调查
	我和波斯菊的故事（5）	科学、艺术、社会	1.通过种植，了解波斯菊的生长过程。 2.用不同的形式表现波斯菊的外形特征。 3.在照顾波斯菊的过程中，进行观察与测量。	大班	集体活动、小组活动	美工区、生活区、科发区	散步		劳动、测量
单个	玩枇杷	科学	1.观察枇杷的颜色、形状等基本特点，知道枇杷是一种好吃的水果。 2.能够比较枇杷的大小，进行排列，利用枇杷创造性地进行玩耍。 3.萌发对枇杷的喜爱、对研究枇杷的兴趣。	小班	集体活动	科发区	散步	户外活动	劳动

续表

活动类别与名称		领域	关键经验	年龄班	实施途径				
					教学	区域	生活环节	运动	实践
单个	太阳花	艺术	1. 能够说出太阳花的颜色、形态等特征。 2. 能够利用各种材料，用自己的方式表现太阳花。 3. 感受作品的美，喜欢欣赏自己和他人的美术作品。	小班	集体活动	美工区	散步		
	种植薄荷	科学	1. 掌握一些劳动技能，如使用简单的工具去开展松土、修剪等劳动活动。 2. 观察、照顾薄荷，提高观察能力和自理能力。 3. 萌发热爱自然、喜爱植物的情感。	小班	劳动活动	户外	散步		种植
	一篮狗尾草	艺术	1. 学会用拓印工具对狗尾草进行染色。 2. 感受印染的趣味，以及创作的乐趣。	小班	集体活动、小组活动	美工区、科发区、扮演区	散步	户外活动	印染
	海棠花找朋友	科学	1. 区分海棠花、梨花、梅花，说出其主要特征。 2. 提高观察和语言表达的能力。	中班	集体活动	科发区、美工区	散步		
	蔷薇花开	艺术	1. 能够运用晕染的方式表现出蔷薇花的形态。 2. 感受水彩晕染的效果，体验美术创作的快乐。	中班	集体活动	美工区	散步		

续表

活动类别与名称		领域	关键经验	年龄班	实施途径				
					教学	区域	生活环节	运动	实践
单个	天空花店	艺术	1.学习包花的技能。 2.用自己制作的花束美化环境和开展其他活动。	大班	区域活动	美工区	散步		收集、包扎
	又见花儿开	艺术	1.能大胆运用拓染的方式开展艺术创作。 2.感受、发现和欣赏自然环境和人文景观中美的事物。	大班	集体活动	户外	散步		拓染
	留住秋天的美	艺术	1.发现美的事物的特征，感受和欣赏美。 2.观察不同的花种，了解它们的形态、色彩等，并用自己喜欢的方式进行艺术表现和创作。	大班	集体活动	户外	散步		写生
	神奇的中草药	科学	1.知道中草药是我国传统的药物，对中药产生兴趣。 2.发现身边的中草药，知道一些基本的药用价值。	大班	集体活动、小组活动	美工区、科发区、语言区、扮演区	值日、就餐、散步	户外活动	劳动、调查

注：括号内的数字表示活动个数。

课程计划

在课程游戏化推进过程中，幼儿园逐渐确立了"亲近自然，快乐成长"的办园理念，此时，花草作为幼儿园的重要课程资源，也渐渐地被从前期"散点式""以物替物式"的利用变成了进入课程计划后的系统开发。通过主题解析、主题目标、环境创设、具体活动等多方面的审议，教师对花草资源价值的了解日益清晰，以花草为主要资源的单个课程活动、系列活动、主题活动不断出现，幼儿园课程方案就可以一步步完成从蓝本到园本的改造了。

怎样进入课程计划？审议时，幼儿园主要从两个方面进行考虑。一是蓝本主题内容的替换与补充。在课程审议中，教研组对原有主题内容进行审议，将"花草资源"内容融入其中，进行主题原有内容的替换、删除或新内容的增加，以适宜的方式渗入主题，形成更适合本园园情的课程内容；二是将独立的主题或系列活动设计在学期课程计划当中。当"花草资源"进入幼儿、教师视野后，它们所具有的独特价值就成了教师自主开发的不竭源泉。因幼儿的兴趣需要、因季节的循环更替，这些课程内容持续时间或长或短，成了园本课程的重要内容。

学期课程计划

学期课程计划一览表1

年度 2020—2021   学期 第二学期   年龄班 小班   填表人 徐丽娟

序号	主题名称	主题目标（价值分析）	主题持续时间	主要资源列举			主题来源	备注
				自然	社会	文化		
1	春天真美丽*	1. 愿意寻找并发现春天的美。 2. 感受春天花草的变化，能关注自己身边的花草，并产生积极的情绪体验。 3. 探寻花草的秘密，知道花的外形特征、生长习性和用途等。 4. 用自己喜欢的方式表达对花朵的喜爱。 5. 尝试用不同的方式来制作各种各样的花。	4周	各种野生花花草草，如：一年蓬、莲子草等。	社区资源、家长资源	儿歌、俗语、节气	自主开发的园本课程	网络资料

续表

序号	主题名称	主题目标（价值分析）	主题持续时间	主要资源列举			主题来源	备注
				自然	社会	文化		
2	可爱的小动物	1.喜欢并愿意亲近各种常见的动物，分辨其明显的特征。 2.在饲养活动中，对动物表现出喜爱的情感。 3.寻找小动物喜欢吃的植物，知道它们的名称。 4.在听听、画画、讲讲的过程中，了解动物的外形特征。 5.学习运用多种方法表现自己对动物的认识和喜爱，知晓故事中蕴含的简单道理。	4周	花草资源*	社区资源、家长资源	图书资源	购买的蓝本课程	网络资料
3	大马路	1.了解常见车辆的不同外形，感受车辆给生活带来的便捷。 2.初步知道并遵守基本的交通规则等。 3.关注生活中的人、事、物，认识常见的车辆，能说出其名称和功能。 4.掌握简单的交通安全常识，并愿意在班集体中大胆表达自己的想法。 5.探寻马路周边的花草，了解其特征和生长规律。	5周	花草树木资源*	家长资源、社区资源	图书资源	购买的蓝本课程	
4	炎热的夏天	1.感知夏天明显的气候特征，乐意参加玩水活动。 2.初步了解一些防暑降温的小知识，掌握夏季安全保护的简单方法。 3.了解夏季和人们生活之间的简单关系。	5周	气候	社区资源、家长资源	图书资源、网络资源	购买的蓝本课程	

注：带 * 者是利用本书所谈资源开发的活动。

学期课程计划一览表 2

年度 2020—2021　　　　学期 第二学期　　　　年龄班 中班　　　　填表人 劳留晴

序号	主题名称	主题目标（价值分析）	主题持续时间	主要资源列举			主题来源	备注
				自然	社会	文化		
1	我爱家乡	1. 了解家乡的风景名胜、土特产及民俗文化，感受家乡的美。 2. 能遵守社会秩序，爱护公共设施，萌发关心社区建设的情感。 3. 愿意与同伴交流分享自己家乡的见闻。	4周	花草资源：做麦芽塌饼的鼠曲草*等	社区、小区、中学、农村、小公园、家长资源	儿歌俗语	购买的蓝本课程	
2	绿色的春天	1. 能感知和发现动植物的生长变化及其基本条件。 2. 能感知和发现不同季节的特点，体验季节对动植物和人的影响。 3. 了解自然界中动植物的生长规律，感受春天带来的欢乐。 4. 学会用简图的方式记录探索发现的过程和现象，并能大胆表达自己的想法。	4周	花草树木资源*	家长资源、农田、梨园	图书资源	购买的蓝本课程	
3	身边的科学	1. 对身边自然现象和事物感兴趣，逐步形成科学的思维方式。 2. 了解四季的变化及大自然中的各种自然现象。 3. 喜欢观察自然现象，体验探索活动的乐趣，能大胆表达自己的探索过程与结果。	5周	花草资源种植地*、气候	家长资源	图书资源	购买的蓝本课程	
4	动物大世界	1. 观察、了解动物的外形，比较异同。 2. 亲近动物，了解常见动物的特征、生活习性。 3. 了解动物独特的外形与它们的生活环境、生存方式的关系。 4. 初步认识人类与动物、动物与植物、动物与动物相互依存的关系，知道动物是人类的朋友，激发关爱动物的情感。	5周	花草资源*	家长资源	图书资源、网络资源	购买的蓝本课程	

注：带 * 者是利用本书所谈资源开发的活动。

主题活动计划

主题活动一览表1

年度 <u>2020—2021</u>　　学期 <u>第二学期</u>　　执行日期 <u>2021-2—2021-4</u>　　年龄班 <u>小班</u>　　填表人 <u>徐丽娟</u>

主题名称	持续时间	活动名称	来源	主要资源	备注
春天真美丽*（15）	4周	我与海棠初相见	自主开发的园本课程	垂丝海棠	
		海棠小树牌	自主开发的园本课程	树枝、木片、海棠树	
		干花小书签	自主开发的园本课程	海棠花、桃花、月见草	
		海棠香水	自主开发的园本课程	幼儿园的花资源、网络资源	
		飞扬吧，种子	自主开发的园本课程	波斯菊种子、百日草种子、家长资源	
		一起来浇花	自主开发的园本课程	幼儿园的花资源、家长资源	
		你好，白车轴草	自主开发的园本课程	白车轴草、家长资源	
		撕撕乐	自主开发的园本课程	白车轴草、波斯菊	
		捏捏白车轴草	自主开发的园本课程	白车轴草	
		我爱婆婆纳	自主开发的园本课程	幼儿园的花资源、婆婆纳	
		点画婆婆纳	自主开发的园本课程	婆婆纳	
		花儿好看我不摘	自主开发的园本课程	蔷薇花、海棠花、月季花	
		探秘花儿	自主开发的园本课程	木槿花、野花野草	
		比一比，木槿花	自主开发的园本课程	木槿花、波斯菊、百日草	
		花草染木槿花	自主开发的园本课程	木槿花	

注：带 * 者是利用本书所谈资源开发的活动。

主题活动一览表 2

年度 2020—2021　　　学期 第二学期　　　执行日期 2021-2—2021-4　　　年龄班 中班　　　填表人 劳留晴

主题名称	持续时间	活动名称	来源	主要资源	备注
绿色的春天（15）	4周	幼儿园里有什么*	自主开发的园本课程	花草树木、自然资源	
		相识玛格丽特*	自主开发的园本课程	玛格丽特花墙	
		播种飞燕草*	自主开发的园本课程	种植地、飞燕草种子、种植工具	
		我给飞燕草做篱笆*	自主开发的园本课程	树枝、小树干、竹竿	
		春天的花园*	自主开发的园本课程	花草树木	
		春天的秘密*	购买的蓝本课程	花草树木	
		花儿大世界	购买的蓝本课程	各种花朵、手工纸、吸管、小花盆	
		蝴蝶传花粉*	购买的蓝本课程	花草树木、自然资源	
		送你一顶小花帽	购买的蓝本课程	花草树木	
		花仙子	购买的蓝本课程	花草树木、图片资源	
		彩色的花环*	自主开发的园本课程	幼儿园内各种花草	
		小花伞*	购买的蓝本课程	花草树木、自然资源	
		豌豆花、蚕豆花*	自主开发的园本课程	种植地	
		花带飞舞*	购买的蓝本课程	自然资源、网络资源	
		四季的花*	购买的蓝本课程	园内的花资源清单、网络资源	

注：带*者是利用本书所谈资源开发的活动。

主题活动一览表 3

年度 2020—2021　　　学期 第一学期　　　执行日期 2020-10—2020-11　　　年龄班 大班　　　填表人 何毓晗

主题名称	持续时间	活动名称	来　源	主要资源	备注
春夏和秋冬（15）	3周	金秋桂花香*	自主开发的园本课程	桂花树、图书资源	
		四季的花*	自主开发的园本课程	园内花草、网络资源、图书资源	
		收桂忙*	自主开发的园本课程	桂花、各类容器	
		喇叭花*	自主开发的园本课程	喇叭花、音乐	
		树真好*	自主开发的园本课程	园内树木、图书资源	
		七色花	购买的蓝本课程	园内花草、图书资源	
		护花小能手*	自主开发的园本课程	园内花草	
		遇见月见花*	自主开发的园本课程	月见花	
		有用的花草*	自主开发的园本课程	园内花草、网络资源	
		茉莉花	购买的蓝本课程	音频、网络资源	
		花的四季*	自主开发的园本课程	园内花草、网络资源	
		制作花牌*	自主开发的园本课程	园内花草、纸板	
		天气预报	购买的蓝本课程	园内花草、网络资源	
		纸杯菊花	购买的蓝本课程	菊花、纸杯	
		听大树唱歌	购买的蓝本课程	网络资源、图书资源	

注：带 * 者是利用本书所谈资源开发的活动。

主题活动一览表 4

年度 2020—2021　　　学期 第二学期　　　执行日期 2021-2—2021-4　　　年龄班 大班　　　填表人 何毓晗

主题名称	持续时间	活动名称	来　源	主要资源	备注
小花草，大世界*（17）	4周	彩虹色的花	自主开发的园本课程	各种花的图片、调查表	
		盛开的桃花	自主开发的园本课程	桃园、桃花、各种创作材料	
		认识海棠花	自主开发的园本课程	海棠花、桃花、调查表	
		我很快乐	自主开发的园本课程	花籽	
		撑把"太阳伞"	自主开发的园本课程	百日草	
		蝴蝶找花	自主开发的园本课程	音乐、蝴蝶翅膀、花园背景板	
		鲜花时钟	自主开发的园本课程	时钟、各种花的图片	
		野花地图	自主开发的园本课程	园内的各种野花	
		拼贴线描画	自主开发的园本课程	纸、笔、各种花的图片	
		花的语言	自主开发的园本课程	鲜花、包装纸	
		花的美食	自主开发的园本课程	家长资源、花卉美食	
		好吃的花儿	自主开发的园本课程	花卉美食、陈列台	
		制作花茶	自主开发的园本课程	金盏菊	
		会跳舞的蒲公英	自主开发的园本课程	蒲公英	
		花花工坊	自主开发的园本课程	树叶、彩纸、橡皮泥	
		花朵变色了	自主开发的园本课程	不同颜色的花	
		花儿的秘密	自主开发的园本课程	玉兰花、桃花、迎春花、蝴蝶花，记录表	

注：带 * 者是利用本书所谈资源开发的活动。

方案设计

主题活动方案

⭐ 小花草，大世界（大班）

一、集体活动 彩虹色的花

活动目标

（1）能理解故事内容，感受彩虹花乐于帮助别人的美好品格。

（2）能发现小动物的情感变化，并用完整的语言表述花瓣所起到的作用。

活动准备

经验准备：有良好的阅读习惯，认识常见的花卉。

工具和材料投放：PPT，绘本，音乐《天鹅湖》。

活动过程

1. 出示彩虹花图片，激发幼儿兴趣。

（1）师：今天老师带来了一朵不一样的花。看，它是什么样子的？

（2）老师出示花瓣逐渐变少的组图。

师：慢慢的，彩虹花发生了变化。发生了哪些变化？（花瓣、泥土、天气、季节）

指导要点：出示彩虹花的实物，引起幼儿的好奇心。幼儿通过对组图的前后对比，发现彩虹花的前后变化。

2.阅读绘本,理解故事内容。

(1)幼儿自主阅读。

师:彩虹花的花瓣都去哪里了呢?让我们轻轻打开书看看吧。(重点观察动物的表情变化。)

(2)集体阅读,引导幼儿了解花瓣的不同用处。

师:彩虹花帮助了谁?(根据幼儿的回答分别出示5种动物得到帮助前后的照片。)

师:它用什么颜色的花瓣帮助了谁?做了什么?小动物怎样了?

(幼儿用"××色的花瓣送给××做什么,××很快乐。"句式完整表述。)

(3)讨论彩虹花帮助动物后的心情。

师:小动物们都得到了彩虹花的帮助,很快乐,那彩虹花会是什么心情呢?为什么?

指导要点:引导幼儿感受彩虹花的心情,采用合作阅读重点情节和提问的方式帮助幼儿理解故事中角色的情绪、情感,让幼儿用适当的语言表达自己对故事角色心情的理解。

3.完整阅读,教师在配乐中完整演绎故事。

师:彩虹花后来怎样了呢?我们一起来听一听吧。

师:喜欢这个故事的结尾吗?读了这本书,你感觉怎样?书中什么地方让你最感动?

活动延伸

表演区:提供背景板及服装,以及供幼儿表演的绘本《彩虹色的花》。

阅读区:提供绘本《彩虹色的花》,供幼儿继续阅读、发现。

活动反思

这是一个关于花的经典文学作品,通过活动提高了幼儿对故事的理解能力与共情能力。彩虹色的花,用六片花瓣给朋友们提供了帮助,使幼儿感受到了帮助别人的快乐。活动中的情感是一条主线,这是幼儿比较难理解的,因此在延伸活动中要投放相关材料,让幼儿在故事表演中进一步理解内含的情感,使情感得以升华。

(张思源)

二、参观活动 盛开的桃花

活动缘起

3月初,果园里原本枯萎的桃树努力地开出了几朵桃花,幼儿对此产生了异议:这是桃花吗?为什么就这根树枝开花呢?于是,教师顺应幼儿的兴趣,抓住探索的时机,开展了一次寻桃花之旅。

活动准备

经验准备:认识桃花,有一定的观察技巧及记录经验。

工具和材料投放:记录表、笔、彩泥。

参观对象和内容

参观果园及园里的桃花,欣赏并感受满园桃花盛开的美景,了解桃花的开花时间,观察桃花的外形特征。

参观前谈话

(1)了解参观任务:参观桃园,观察桃花的外形特征。

(2)与幼儿商讨参观内容。

第一,可以从哪些方面进行观察?

A. 桃花是什么颜色的?

B. 桃花有几片花瓣?

C. 花朵中间的花蕊是什么颜色?

D. 花蕾是什么样的呢?

第二,在观察桃花的过程中,看一看、画一画、捏一捏,进一步了解桃花的外形特征。

第三,参观时,我们需要注意什么?

参观后汇总和讨论

（1）幼儿分享自己的记录表（有 5 片花瓣，有淡粉色、玫红色的花瓣……）。

（2）让幼儿说说自己的观察方法、记录方法，讨论观察过程中发现的问题，并提出解决办法。

活动延伸

继续观察、记录果园区桃花的花期（只有 10 天左右）。

活动附件

"我看到的桃花"记录表

姓名：_____

画一画		捏一捏	

（周丽敏）

三、生活环节渗透　认识海棠花

活动缘起

散步时，幼儿看到盛开的垂丝海棠，误认为是桃花，并对此产生了兴趣。为了帮助幼儿认识海棠花，我们利用户外活动、午间散步等生活环节进行实地观察与比较，发现两种花卉之间的异同点，丰富幼儿已有的经验。

活动准备

经验准备：对桃花的颜色、外形、香味等特征有初步的了解，具有一定的观察、比较与分析能力。

  工具和材料投放：放大镜、桃花图片、记录表。

活动内容和方式

  在晨间锻炼、午间散步等生活环节，鼓励幼儿通过观察实物、对比照片、运用放大镜观察等方式，对桃花和海棠花进行调查分析，发现其异同点并记录下来，利用晨间谈话时间进行交流总结，以此来帮助幼儿认识并准确分辨其种类。

活动中的指导

  观察和记录是活动中的重点与难点，需引导幼儿有目的地观察，正确地记录；同时可投放交流板，并准备笔和便利纸，将遇到的问题或新的发现展示出来，方便幼儿随时交流分享。

活动延伸

  收集海棠花和桃花，在美工区制作书签、贴画等。

活动附件

"桃花还是海棠花"记录表

桃　花		海　棠　花	
花	叶	花	叶
我的发现：			

（何毓晗）

四、集体活动 我很快乐

活动目标
（1）能结合生活经验大胆地表达自己的快乐。
（2）尝试运用"我给大家……大家喜欢我，我很快乐"的表达方式。
（3）理解故事内容，体会助人为乐的快乐。

活动准备
经验准备：幼儿对花籽有一定的认识。
工具和材料投放：自制音乐《快乐拍手歌》，《小花籽找快乐》课件。

活动过程
1.听音乐导入活动。
（1）播放《快乐拍手歌》，让幼儿感受音乐欢快的节奏。
师：你听到了什么？什么是快乐呢？
指导要点：引导幼儿随音乐律动，感受欢快的节奏，体会快乐的情绪，鼓励幼儿自由表达对快乐的理解，从中获得新的经验。
（2）播放课件，欣赏故事前半部分。
师：今天，我们班来了好多客人、朋友。都有谁呀？（太阳、小鸟、蜜蜂、青蛙、小花籽）我们一起来认识一下吧！（用故事中的语言进行回答。）
（3）讨论：它们是谁？它们为什么都很快乐？
指导要点：请幼儿回忆故事内容，鼓励幼儿用故事里小动物的话回答问题。引导幼儿模仿小鸟、蜜蜂、青蛙和小花籽的对话。引导幼儿讨论：它们是如何找到快乐的？帮助幼儿归纳出快乐的秘密：用自己的力量帮助别人；别人喜欢自己，自己就会感到快乐。

（4）播放课件，了解小花籽的心愿。

师：哎？好像还有一个小伙伴没有介绍自己呀？是谁呀？

小花籽：呜——呜——我是小花籽，我也是快乐家族的，可我把快乐弄丢了，你们能帮我找找吗？

师：小花籽怎么了？小花籽怎样才能找到快乐呢？

师总结：你们太厉害了，帮小花籽想了这么多办法。小花籽出发去找快乐咯！

2. 播放课件，欣赏故事后半部分。

师：小花籽找到快乐了吗？它找了谁帮忙？飘过了哪些地方？最后飘到了哪里？它为什么要留在雪山上呢？

3. 完整欣赏故事。

4. 做"快乐列车开来了"的游戏，鼓励幼儿寻找快乐。

（1）小花籽开着快乐列车来了，想一想，你能帮助你身边的人做些什么呢？

（2）音乐响起，教师"开列车"邀请小朋友进行对话，然后"上车"。

指导要点：先引导幼儿说一说自己能帮身边的人做些什么，再进行游戏。

活动延伸

将小动物头饰投放至表演区，请幼儿表演故事。

活动反思

本次语言活动旨在通过故事的讲述，让幼儿理解"快乐"的含义，这也是活动的难点所在。然而仅凭故事的讲述，幼儿还无法理解这种帮助他人的快乐，因此要利用幼儿的已有经验（生活中帮助他人的照片），来唤醒他们的情感共鸣，让他们逐渐能够领悟并讲述快乐的深层含义。这个环节的设计做到了既尊重幼儿的已有经验，又拓展了幼儿的新经验，达到了较好的活动效果。

（陈妍晴）

五、劳动活动　撑把"太阳伞"

活动缘起

3月初，幼儿们在幼儿园的大门口松土、锄草，并撒下了一片百日草的种子。几天后，百日草逐渐发芽，一株株绿色的小苗露出头来，让大家兴奋不已。每天，孩子们入园的第一件事情就是去看看这些小苗有没有长大。有一天，萌萌跑来对我说："老师，门口的百日草叶子变黄了，是不是快要死了？"带着幼儿的发现，我们观察了几天，发现绿色的小苗变黄的数量越来越多了，这下大家可急坏了，于是，我们通过咨询淘宝客服、百度搜索等多种方式查找原因。最后了解到可能是因为大门前没有遮挡、阳光比较强烈，幼苗又比较脆弱，导致叶子晒伤变黄，于是一场拯救小苗的活动开始了。

活动准备

经验准备：观看花农给花遮阳的视频。

工具和材料投放：黑色垃圾袋、透明胶、砖头。

活动内容

（1）幼儿先将黑色垃圾袋用剪刀沿直线剪开。

（2）用透明胶把垃圾袋粘贴在一起，形成一张大的网。

（3）幼儿互相合作，把这张大网遮盖在百日草苗苗上，在适当的位置用树枝或小棍撑起来。

（4）幼儿分工合作，将四周用砖块压实。

活动前谈话

师：百日草苗的叶子怕晒，我们怎么给它们防晒呢？（雨伞、遮阳网……）

师：用什么材料制作遮阳网比较适宜？

通过讨论，幼儿提出需要一张大网，他们想到用黑色垃圾袋来制作。

师：那怎样将一个个垃圾袋变成一张大网？

活动中的巡回指导

重点指导"大网"的拼接。在用透明胶粘贴的时候，需要3个幼儿分工合作，其中一人拉住透明胶的一头，一人负责拉住透明胶的另一头，一人负责轻轻按压，因为垃圾袋的材质比较特殊，用透明胶粘贴时，一不小心就会把垃圾袋给撕破，这是一项非常细致的工作。

活动后交流和讨论

（1）你们用了多少袋子进行组合？

（2）制作遮阳网时遇到了什么困难？怎么解决的？

（3）还可以用什么材料制作遮阳网？

（4）以后还需要注意些什么呢？

活动延伸

继续观察原来变黄的叶子在孩子们放置遮阳网后是否有新的变化。

（张思源）

六、区域活动　蝴蝶找花

经验联结

幼儿园的花花草草不仅吸引了幼儿的关注，更引来了无数小昆虫，于是，我们和大家一起欣赏了《蝴蝶花》的歌曲，并在表演区投放了一些相应的道具，让幼儿充分体验蝴蝶和花之间的美好情感，感受音乐的欢快与音乐表达出的童趣。

活动目标

（1）自由表现蝴蝶飞舞的动作，能随着音乐协调地做动作。

（2）在表演中对音乐有进一步的理解，能够尝试创编故事情节并将其表演出来。

活动准备

经验准备：能够熟练地演唱《蝴蝶花》这首歌曲，并能模仿蝴蝶飞舞的动作。

工具和材料投放：《蝴蝶花》伴奏、花朵头饰、蝴蝶翅膀、花园背景板。

活动内容

（1）幼儿自己设计并布置场景，制作道具。

（2）选择道具，装扮自己，进行表演。

活动要求

（1）表演中的行为要符合扮演的角色，并且能跟随着音乐节奏进行律动。

（2）同伴之间友好分配角色，可以表演一轮后交换角色。

指导要点

（1）观察表演区幼儿的动作状态，教师以夸张的动作带领幼儿进入蝴蝶飞舞的情境，提醒幼儿跟随节奏飞舞。

（2）引导幼儿创编新的故事进行表演。

活动延伸

将幼儿编排好的节目在全班孩子面前进行展示。

（陈妍晴）

七、集体活动　鲜花时钟

活动目标

（1）能大胆地在集体面前表达自己的想法，完整讲述故事内容。

（2）理解故事内容，讲述鲜花时钟报时的原因，知道要关心、尊重长辈。

活动准备

经验准备：认识时钟，知道一些花盛开的时间。

工具和材料投放：PPT、各种花的图片。

活动过程

1. 谈话导入，激发幼儿兴趣。

师：小朋友们，有位老奶奶的年纪大了，眼睛看不清了，连手表上的数字都看不清了，你们能帮助她，让她知道时间吗？

2. 播放PPT，引导幼儿观察并讲述。

（1）师：图上有谁？他们的表情是什么样的？你们是什么时候听到公鸡打鸣的？他们可能说些什么呢？

（2）师：阿罗用什么办法让奶奶知道时间的？奶奶对这个办法满意吗？你为什么觉得她(不)满意？奶奶的表情动作是什么样的？她为什么指着自己的耳朵，有可能说些什么？

（3）师：阿东的办法是什么？你们觉得她会说什么？奶奶满意吗？她的表情是什么样的？

指导要点：引导幼儿通过观看PPT，说说故事中都有什么办法可以帮助老奶奶知道时间。教师重点引导幼儿根据图片讲述故事内容，能用自己的话表达出来。

（4）继续播放PPT，引导幼儿讲一讲：图片上的小朋友用什么办法帮助奶奶？鲜花时钟为什么能报时？为什么奶奶对鲜花做成的时钟很满意？

师：原来这个鲜花时钟有一个奇特的功能，每一个小时开一种花，老奶奶闻闻花的香味就知道几点钟了。

指导要点：引导幼儿思考花与时间的关系，同时知道几点钟对应什么花，对花的特征有一个基本认识。

3.新经验引入：用"先—后—然后—最后"来讲述故事。

教师示范完整讲述故事，然后请小朋友根据PPT完整地讲述故事，用"先—后—然后—最后"来讲述故事，看哪些小朋友讲得最好。

指导要点：引入"先—后—然后—最后"帮助幼儿梳理故事内容，知道故事顺序，能有序、完整地讲述故事。

活动延伸

（1）请家长与幼儿一起收集、认识各种时钟的图片和实物。

（2）让幼儿尝试自己设计鲜花时钟。

活动反思

本活动中幼儿可以关注花和时间的关系，这也是文学作品中蕴藏的科学小秘密。在活动中，幼儿用自己的语言表述不同的花对应几点钟，但在讲述过程中，幼儿总会漏掉一些关键的故事情节，或者被人物搞混。整个集体活动下来，他们对不同的花开放的时间还是比较模糊的，会陷入"记忆"的烦恼当中。所以，可以将活动一分为二，先让幼儿熟悉故事内容，了解花和时间的关系，然后再重点引导幼儿完整地讲述故事；可以用角色分类讲述的形式，请幼儿扮演花，这样，更容易记住故事，同时也能调动幼儿的活动兴趣。

（严梦霞）

八、调查活动　野花地图

活动缘起

在幼儿寻找桃花、海棠花的过程中，也发现了许多不知名的小野花，他们对这些小野花产生了强烈的兴趣。由于这些花并不是园丁伯伯种的，因此我们只能通过手机 APP 了解它们的信息。渐渐地幼儿熟悉的野花越来越多，到不同的户外区域总是喜欢找一找不同的野花，他们想知道各个区域里到底有哪些野花品种，于是，一场关于野花的调查也就在此展开了。

活动准备

经验准备：幼儿已经对幼儿园的地形和园内的各种野花有所了解。

工具和材料投放：记号笔、调查表、纸板、白纸、蜡笔。

调查对象和内容

将幼儿分成几个小组，每个小组负责 1—2 个区域，小组内由若干名幼儿负责寻找和辨别、若干名幼儿负责记录，实地调查园内各个户外区域有哪些品种的野花。

调查前谈话

（1）幼儿园很大，我们怎样才能不遗漏任何一个户外区域？

（2）我们要怎么分工呢？

（提醒组长为组内成员进行分工，如安排几位幼儿负责寻找、辨别，几位幼儿负责在记录表上记录等。）

（3）怎样把调查区域中的野花都统计在内，没有遗漏？

调查后汇总和讨论

（1）你参与调查的是哪个区域？你负责哪项工作？这个区域中有哪些野花？

（2）在调查的过程中，你们遇到了什么困难？你们是怎么解决的？以后应该注意些什么？

（3）将讨论完的各个区域的统计结果绘制在幼儿园平面地图上。

活动附件

野花小调查

第　　　小组

我们调查的区域	我们找到的野花

（陈妍晴）

九、区域活动　拼贴线描画

经验联结

前期的各种活动让幼儿对花花草草积累了一定的经验，从欣赏、观察到表现创造，他们对花的颜色、外形等基本特征有了较为丰富的感知。于是，我们在美工区放置了一些花卉图片、彩色卡纸、绘画工具等，让幼儿进行创作。我们提供了线描画的一些小技巧，期待看到活动中幼儿在这一方面能力的提升，与此同时，也要观察他们对冷暖色拼贴的感知和整体画面的把控能力等。

活动目标

（1）学习用点、线、面描绘出花朵在画面中的不同造型。

（2）用拼贴与线描结合的方式去创作，让幼儿感受拼贴与线描碰撞的美感。

（3）让幼儿表达自己的感受和想象，用自己的作品美化环境。

活动准备

经验准备：有线描画的经验，会画一些基础的线条。

工具和材料投放：彩色卡纸、彩色花卉图片、线描基础线条图、勾线笔、剪刀、胶水。

活动内容

（1）选择喜欢的彩色花卉图片，剪出花卉造型，贴在画面中间，在四周用线条进行装饰。

（2）选择喜欢的彩色卡纸，剪出大小不一的圆，拼贴成花心的样子，在花心周围用线条进

行装饰。

活动要求

（1）用卡纸拼贴花心时，可以从大小、冷暖色方面考虑。

（2）用线描装饰时，可以用粗细线条、面、点等多种形式装饰，以便让画面更加丰满。

指导要点： 指导幼儿注意画面的布局，如：先确定粘贴的位置，选择花卉图片可以粘贴的画面中间部位，选择剪贴花心，可以大大小小、高低错落地贴在不同位置，然后在四周用线条进行装饰。

活动延伸

开展花博会，将幼儿的作品在活动室中展示。

（张玲玲）

十、集体活动　花的语言

活动目标

（1）了解花语花意，知道不同种类的花所蕴含的美好情感与祝福。

（2）让幼儿乐意参与选花、包花、送花活动，感受不同种类花的意义。

活动准备

经验准备： 活动前调查过所喜欢的花的花语。

工具和材料投放： 信、鲜花、包装纸、剪刀等。

活动过程

1. 讨论交流。

师：为什么那么多人喜欢花？

师：你喜欢什么花？它代表什么意思？

指导要点：重点认识不同种类的花的花语，请幼儿自己说说已知的一些花代表的意思。

2.选花。

师：我们收到了很多人寄来的信，请小朋友打开信看看上面都说了些什么？

过生日，可以送什么花？扫墓时，可以带什么花？去别人家做客，可以送花吗？

幼儿按照信上的任务去选花。

指导要点：引导幼儿注意送花的原因，不一样的花有不同的含义，不能送错，提醒花语。

3.送花。

师：选好花，这样就可以送了吗？

请幼儿学习包装花儿。

指导要点：注意合理分配花的颜色、位置、大小，制作美丽的花束。

活动延伸

想想，还有什么时候也可以送花？送什么花？

活动反思

各种各样的花不仅外观美丽，还蕴藏着不同的含义，本活动的重点是让幼儿知道各种花的花语，知道花背后的美好情感，因此，前期幼儿对花的认识经验很重要。活动中也发现，虽然幼儿有认识野花的经验，但他们调查的大多是出现在花店里的品种，这让他们的经验不够全面，造成了活动中交流表达的困难。因此，我们事先应做好这样的预设，让幼儿的前后经验得以连结与连通。

（严梦霞）

十一、收集活动　花的美食

活动缘起

在主题活动中，幼儿对花已经产生了浓厚的兴趣。一次，老师的一杯花茶引起了他们的注意，

"老师,你为什么要喝花茶?""我们可以自己做花茶吗?""花除了做花茶外,还可以做什么呢?"为了满足幼儿的探索愿望,我们开展了一次收集花卉美食的活动。

活动准备

经验准备:前期初步了解一些用花制作的美食。

工具和材料投放:记录表,笔。

收集对象和内容

与家长一同收集生活中关于花的各种美食,感受花的多种用途,知道不同的花有不同的功效。

收集前谈话

(1)讨论:哪些花可以吃?哪些食物里有花?

(2)你想收集哪一种花的美食?在哪里可以找到?

(3)请将你收集到的花的美食带来,和小伙伴一起分享。

收集后汇总、展示、交流和讨论

(1)准备一个陈列桌,把收集到的各种花的美食分类陈列出来,让幼儿们说一说、品一品。

(2)通过讨论—品尝—分享,了解花的多种用途,丰富幼儿的生活经验。

活动附件

"我所收集到的花卉美食"调查表

我所收集到的花卉美食	
班 级:	姓 名:

(周丽敏)

十二、生活环节渗透　好吃的花儿

活动缘起

花作为食物与我们的生活有着密切的关系，如花茶、桂花糕、玫瑰饼等。在上一次活动中，我们收集了很多关于花的美食，引导幼儿了解花朵的功效和各种食用方法，那么，好吃的花还有哪些？我们在幼儿园可以开展哪些活动？利用晨间谈话、点心时间等生活环节，我们将继续和幼儿谈论这些话题。

活动准备

经验准备：幼儿对花的种类有一定的了解，有基本的生活经验。

工具和材料投放：各类花的美食、陈列台等。

活动内容和方式

在小点心环节，我们开设了点心铺，陈设花的美食，供幼儿品尝。

（1）幼儿按食品种类进行分类：有糕饼区、花茶区等。

（2）引导一部分幼儿扮演点心铺服务员，为大家介绍不同的点心与花茶。

（3）让另一部分幼儿扮演小顾客——认识和品尝。

活动中的指导

（1）活动前与家长沟通，告知其活动价值，请家长提前丰富幼儿对花卉美食的经验。

（2）注意食品的安全和保存，品尝环节要让幼儿洗手，注意食品卫生。

（3）引导幼儿将美食按不同种类进行分类，并有序摆放。

（4）提前与家长沟通，了解幼儿对活动材料是否过敏。

（5）指导幼儿进行点心铺角色扮演，通过游戏的形式，让幼儿品品尝花卉美食并丰富相关经验。

活动延伸

（1）教师利用晨间谈话环节，和幼儿一同探讨生活中更多关于花的美食。

（2）生活区：制作花的美食，如桂花糕、玫瑰饼等。

（张思源）

十三、劳动活动　制作花茶

活动缘起

"老师，我们可以自己做花茶吗？"之前的品尝活动，引起了幼儿制作花茶的兴趣。"可以啊，你们想要用什么花来制作花茶呢？"大家喝过菊花茶、金银花茶、玫瑰茶等，想到我们在花圃中种了金盏菊，便提出了做金盏菊花茶的想法。通过翻阅资料，知道金盏菊可以泡茶，幼儿就开始了制作金盏菊花茶行动。

活动准备

经验准备：有过翻炒的经验。

工具和材料投放：炒锅、电磁炉、晒干的金盏菊、杯子若干、开水壶。

活动内容

活动前，家长与幼儿在家一起查阅过制作花茶的步骤。活动时出示已晒干的金盏菊，幼儿说出制作花茶的步骤，我们将晾晒后的金盏菊进行翻炒、冲泡，最后品尝自制的花茶。

活动前谈话

（1）我们前两天在花圃中采摘回来的金盏菊已经清洗并晒干了，今天，我们需要制作花茶，谁能说说制作花茶都有哪些步骤？

（2）金盏菊在翻炒的时候需要注意些什么？请你仔细观察翻炒时它们的变化。

活动中的巡回指导

（1）幼儿说出制作花茶的步骤：清洗—晒干—翻炒。

（2）观察翻炒好的金盏菊有什么变化；在用热水冲泡时，金盏菊发生了哪些变化？请幼儿大胆表述。

（3）翻炒时不要太用力，以免花瓣分离。

活动后交流讨论

（1）在翻炒过程中，说一说自己是怎么翻炒的？你闻到了什么？看到了什么？

幼儿能够闻到花朵加热后的香味，感知花朵颜色的变化。

（2）金盏菊在冲泡时发生了什么变化？

在冲泡花茶时，花瓣展开了，颜色变淡了，闻上去的味道和原来花朵的味道是不同的。

活动延伸

将剩余的金盏菊放到生活区与美工区开展区域活动，幼儿尝试将喝不完的花茶水涂抹在手臂上，同伴之间分享自己的感受，了解金盏菊的药用价值。

（顾　萍）

十四、集体活动　会跳舞的蒲公英

活动目标

（1）观察不同姿态的蒲公英，并用自己的方式进行表征。

（2）用身体动作表现蒲公英飞舞的样子，感受蒲公英飞舞的姿态和其带来的快乐。

活动准备

经验准备：已初步了解并观察过蒲公英。

工具和材料投放：蒲公英、画板、铅画纸、勾线笔。

活动过程

1. 观察果园里的蒲公英。

（1）看一看、说一说蒲公英的特点。

蒲公英的形状是圆圆的、毛茸茸的，花朵上一根根的冠毛是它的种子，许多的种子组合在一起就成了一朵朵毛茸茸的蒲公英。

（2）观察整片蒲公英的形态。

有的高，有的低；有些地方密一点，有些地方稀疏一点；叶子是长长的、锯齿形状的。

指导要点：引导幼儿仔细观察蒲公英的形状，以及整片蒲公英的形态。

幼儿获得的经验：感知蒲公英的特征。

2. 会跳舞的蒲公英。

（1）教师提问：当刮风的时候，这些蒲公英会怎么样呢？

（2）幼儿尝试用嘴吹蒲公英，观察一根根小绒毛飞舞的场景。

（3）用身体动作表现小绒毛飞舞的样子。

指导要点：吹蒲公英的时候，要用力往上吹，让蒲公英种子在空中飞舞。

幼儿获得的经验：感知蒲公英种子飞舞时的画面，体验和蒲公英一起飞舞的快乐。

3. 幼儿创作会跳舞的蒲公英。

观察不同形状的蒲公英，并用线描方式画出蒲公英的外形。

指导要点:

(1) 用线条画蒲公英时,整个的蒲公英球可以大大小小地疏密分布在画面的下半部分。蒲公英球围着中间一个点,用发散性的线条进行装饰,强调一个蒲公英球上有很多很多的小种子,引导幼儿在画的时候避免稀稀疏疏的几根,以致显得单调,不够饱满。

(2) 画面上部分画出大大小小飞舞的蒲公英种子。蒲公英像一把白色的小伞,朝着不同的方向飞舞。可以把种子的尾巴画得粗一些,线条要顺畅,体现出飞舞时的轻盈和灵动。

幼儿获得的经验: 用线描的形式描绘蒲公英的不同姿态。

4. 蒲公英舞会。

(1) 将幼儿的作品展示在果园里。

(2) 幼儿扮作蒲公英种子,参加蒲公英舞会。

指导要点: 给幼儿提供舞会的服装,让他们感受舞会氛围。

幼儿获得的经验: 在快乐的舞会中欣赏、交流同伴的作品。

活动延伸

美工区:提供水彩颜料、毛笔、盐。

方法:用毛笔刷上水彩底色,在颜料未干的时候撒上盐,表现出蒲公英毛茸茸的特征。

指导要点: 在撒盐的时候,仔细观察水彩的水分,不能太湿也不能太干,如果想颜色淡一点,可以用餐巾纸吸掉多余的水分。

幼儿获得的经验: 感受创意美术的乐趣,激发幼儿对创意美术的兴趣。

活动反思

每年春天,果园里就会出现蒲公英的身影,幼儿在果园里玩的时候,总会对它产生浓厚的兴趣。吹一吹蒲公英,可以感受它飞起来的样子,幼儿会跟着蒲公英一起快乐地飞舞,由此引发了本次活动。

活动在果园里进行，幼儿边玩边画，情绪愉悦。但因活动前教师重点示范了用线描的方式绘画，造成幼儿画出来的蒲公英都比较死板。为了弥补不足，我们在延伸活动中投放了水彩、盐等材料，用水彩撒盐的方法去体现蒲公英毛茸茸的质感。除此之外，我们将不同状态的蒲公英照片投放到美工区，让幼儿用自己喜欢的方式去表现蒲公英，如用吸管拓印、水彩晕染等，收到了很好的效果。

（张玲玲）

十五、区域活动　花花工坊

经验联结

通过之前的一系列活动，幼儿对花已经有了比较深入的了解，也认识了许多不同品种的花。于是，我们在美工区开设了一个"花花工坊"专区，投放彩纸、橡皮泥等多种材料，满足幼儿的表现需求。幼儿在制作花的过程中，回忆不同花的特征，感受不同材料的特性，体验到了自己动手制作的乐趣。本次活动为延伸活动，是"小花草，大世界"主题下的美工区活动。

活动目标

（1）能有创意地用不同的材料和方法进行花朵制作。

（2）喜欢进行艺术创作活动，并能用自己制作的作品布置环境。

活动准备

经验准备：知道花朵的主要外形特征。

工具和材料投放：不同材质的纸、树叶、橡皮泥、固体胶、铅笔、蜡笔、剪刀等。

活动内容

（1）泥塑花，如：用橡皮泥捏出花瓣若干，将花瓣一片片组合成花朵的造型。

（2）纸花，如：把彩纸剪成一条一条，然后自中间一条一条贴上去，再用绿色的彩纸剪出叶子，贴在花朵的下面，最后给花朵画上美丽的背景。

（3）拼贴花，如：用树叶、树枝、棉花等自然材料，进行花的拼贴。

活动要求

（1）可以借助铅笔卷制花朵的花瓣，使花朵更生动。

（2）使用固体胶时，可以用泥工板垫在纸条下面，撕一条贴一条，找到花朵中心的地方贴。

指导要点

指导幼儿在制作时要注意花瓣和花蕊的位置，花瓣和花蕊应连在一起。

活动延伸

开展花花艺术展，幼儿可以相互交流，欣赏评价。

（金明秋）

十六、区域活动　花朵变色了

经验联结

"白色的花朵能变得有颜色吗？"一次散步中，有幼儿提出了这个问题，引起了大家的兴趣与思考。基于前期植物吸水的经验，大家想将自己喜爱的花朵和色素投放在区域中，去观察花朵会不会"喝水"变色。本次活动为延伸活动，是"小花草，大世界"主题下的科学区活动。

活动目标

（1）感知花朵遇到色素后变色的现象，并能比较花朵的变色速度。

（2）学习记录实验结果，并表述自己的发现。

（3）对科学实验产生的现象感到兴奋和满足。

活动准备

经验准备：知道花朵是靠花茎输送水分和养料的。

工具和材料投放：小瓶子、色素、不同颜色的花朵、记录表。

活动内容

（1）幼儿猜测不同颜色花朵的变色速度，并将自己的标记贴纸贴在记录表中相应的格子里。

（2）观察、比较不同颜色的花朵的变色速度，将结果记录在记录表中。

活动要求

（1）不能使用绘画的水粉颜料。

（2）幼儿在进行猜测时，若觉得花朵的变色速度一样快，可以在每朵花的后面都贴上标记。

指导要点

指导幼儿在进行实验时，要将不同颜色的花朵插在同一个瓶子里比较花朵变色的速度。在实验的过程中，教师要对幼儿做适当的引导，注意幼儿安全。

活动延伸

和爸爸妈妈一起探索，自然界中的花朵会变色吗？

（金明秋）

十七、集体活动 花儿的秘密

活动目标

（1）比较、发现不同花朵的外形特征。

（2）学会以图画、符号等形式记录观察结果，能够积极地与老师或同伴交流自己的发现。

（3）体验科学探究的乐趣。

活动准备

经验准备：对常见的花朵有初步的认识。

工具和材料投放：若干数量的玉兰花、桃花、迎春花、蝴蝶花，笔，记录表。

活动过程

1.幼儿自由观察玉兰花、桃花、迎春花、蝴蝶花这四种花，感受花的美丽。

2.幼儿相互交流讨论，说一说自己喜欢的花朵以及喜欢的原因。

3.教师发放花朵，引导幼儿动手操作，探索花朵的秘密。

（1）教师将幼儿每两人分为一组，给幼儿分发提前准备好的花朵和记录表格，让幼儿进行观察。

指导要点：教师重点引导幼儿观察每一种花有几片花瓣，辨别哪种花有香味、哪种没有。

（2）幼儿合作观察花朵并记录观察结果，教师巡回指导。

指导要点：幼儿在记录表第一列的格子里画上花朵的外形，在第二列表中画上花瓣的数量，在第三列表格中用图画或符号等形式表示有无香味，如打钩代表有香味，画叉代表没有香味。

4.幼儿分享观察结果，教师总结。

迎春花：金黄色的，有六片花瓣，有淡淡的清香。

桃　花：粉色的，有五片花瓣，有淡淡的香味。

玉兰花：白色的，花朵很大，有六片花瓣，有浓浓的香味。

蝴蝶花：紫色的，有四片花瓣，有淡淡的香味，因为花瓣像蝴蝶的翅膀，所以叫蝴蝶花。

5.组织游戏，巩固幼儿对四种花的认识。

教师和幼儿玩"花儿找家"的游戏。请幼儿帮助每一种花找到自己的家。

指导要点："花儿找家"可以从花朵的外形、花瓣数量、气味等特征分类，设置多个不同的花朵之家。

活动延伸

将花朵带到美工区，尝试制作花朵标本。

活动反思

本活动是让幼儿在对花的零碎经验进行梳理与汇总后，尝试利用各种花的不同特征进行分类。在幼儿自行观察的环节，我们发现大部分幼儿都是着重观察花朵的颜色、气味和大小。尽管花瓣数量是花朵的基本特征，但只有少数的幼儿对其进行了观察，所以在幼儿开始观察前教师一定要提出明确的要求，如：观察每一种花有几片花瓣？在填写记录表的时候，有一部分幼儿不知道如何记录花朵的不同特点，教师可以引导幼儿观察一个特点，记录一个特点，防止混淆。

（金明秋）

系列活动方案

⭐ 会飞的翅果菊（小班）

一、集体活动　遇见翅果菊

活动目标

（1）认识翅果菊，愿意观察并能说出翅果菊的花朵及叶子的特点。

（2）愿意参与讨论，能说出自己在哪里见过翅果菊。

活动准备

经验准备：对翅果菊有初步的认识。

工具和材料投放：翅果菊图片、翅果菊花朵与叶子特写图片、翅果菊种子图片。

活动过程

1.图片导入，引出主题。

出示翅果菊图片，回忆已有经验。

师：你在哪里看到过这种花的？它叫什么名字？

2.观察翅果菊花朵。

（1）出示翅果菊花朵图片，让幼儿观察。

（2）请幼儿说一说翅果菊花朵是什么样子的，花瓣是什么形状的。

（3）引导幼儿说出翅果菊花瓣和花蕊分别是什么颜色的。

3. 观察翅果菊叶子。

（1）出示翅果菊叶子图片，让幼儿观察。

（2）请幼儿说一说翅果菊叶子的形状。

（3）出示整株翅果菊，引导幼儿整体观察。

指导要点：每一株翅果菊都会有好几个分枝，每个分枝又会开出很多个花苞，因此在整体观察时，教师可以引导幼儿从翅果菊的分枝与花苞的数量方面进行讨论。

活动延伸

和幼儿一起在幼儿园里寻找翅果菊，想一想，为什么我们幼儿园很多地方都有翅果菊？

活动附件

活动反思

本次活动让幼儿更多地了解了翅果菊的特点与生长习性。观察中，幼儿表现出的兴趣是浓厚的，他们也更容易将关注点放在花朵上。当然，作为教师需适时进行引导，让幼儿从局部到整体进行观察，全方位地认识翅果菊，掌握观察方法，培养其观察能力。在交流讲述的过程中，我们发现幼儿都不是特别的积极，所以，当第一个幼儿轻声说出了观察到的内容时，教师给了他一个大大的拥抱，并及时地肯定了他。接下去，孩子们就积极地说出了自己观察到的内容与自己的见解。在这个过程中，大部分幼儿的积极性很高，但还有个别幼儿不愿意举手表达，对于这些幼儿，在延伸活动中，教师需要特别注意引导，找时机多让他们表达，并及时给予鼓励和支持，提升他们的自信心和胆量。

（何晓颖）

二、集体活动　盛开的翅果菊

活动目标

（1）了解吸管印画的基本操作方法。

（2）充分发挥观察力和想象力，大胆、自信地创作出自己看到的翅果菊。

（3）愿意参与活动，体验用吸管印画的乐趣。

活动准备

经验准备：幼儿对翅果菊有基本的了解。

工具和材料投放：翅果菊图片、美术纸、颜料、毛巾、吸管、蜡笔等。

活动过程

1. 经验回顾。

出示幼儿寻找到的翅果菊图片。

师：这是什么？你们是在哪里找到的？

2. 引导幼儿观察翅果菊。

（1）观察盛开的翅果菊花朵的特点。

（2）观察翅果菊叶子的特点。

（3）观察一整株翅果菊上花朵的数量。

指导要点：引导幼儿仔细观察翅果菊花瓣、花蕊、叶子的颜色与形状等，为幼儿作画做好经验铺垫。

3. 出示图片，引出吸管印画。

（1）引导幼儿观察图片，猜测作画方法。

（2）教师讲解吸管印画的表现手法。

4. 教师示范，并提出作画要求。

（1）选择自己喜欢的颜色，拿起吸管蘸一下颜料，让吸管的每一个分叉都蘸上颜料，然后轻轻地按在画纸上，可以一次多印几个。

（2）用棉签蘸取颜料在花朵中间点缀花蕊。

（3）用蜡笔在花朵下面画上花茎和叶子。

指导要点：幼儿第一次尝试吸管印画，难免会有些兴奋，在示范讲解时需要提醒幼儿小心使用颜料，轻轻按压，印完后就把吸管放回盘子里，防止颜料弄脏衣服。

4. 幼儿作画。

（1）教师一边巡视，一边指导。

（2）请先画好的幼儿说一说自己画的翅果菊。

5.评价。

将幼儿的作品展示出来,让幼儿说一说喜欢哪一幅、为什么。

活动延伸

提供不同的材料,比如棉签、毛线、轻黏土等,鼓励幼儿探索用不同的方式创作翅果菊作品。

活动附件

活动反思

前期通过观察,幼儿发现翅果菊的花瓣是一条一条的,如何表现翅果菊的花瓣呢?通过对比筛选,发现用吸管剪成条印画,可以很好地表现翅果菊的花瓣,于是我们开展了此次活动。活动中幼儿兴趣浓厚,在画纸上印满了翅果菊。但是,我们发现幼儿只停留在无目的的印画过程,教师可引导幼儿尝试添画叶子等,也可在区域游戏中,提供更多材料让幼儿进行再次创作。

(何晓颖)

三、集体活动　会飞的小伞

活动目标
认识翅果菊的种子，了解它的传播方式。

活动准备
经验准备：幼儿认识翅果菊，玩过翅果菊。

工具和材料投放：翅果菊种子图片、种子的传播方式PPT。

活动过程
1. 播放幼儿户外玩翅果菊的视频，引出主题。

2. 出示翅果菊的种子，回忆已有经验。

观察种子，了解翅果菊种子的特点。

师：翅果菊种子是什么样子的，有哪些特点？

3. 引导幼儿讨论翅果菊种子的传播方法。

师：小朋友，你们知道翅果菊是怎么传播种子的吗？

4. 了解更多的传播方式。

播放PPT，引导幼儿猜测讨论。

我们认识的哪些植物是靠风力传播的？（一年蓬、蒲公英等）

你还知道哪些传播方式？

如：水力传播——椰子、睡莲等；小动物传播——苍耳、狗尾草等。

活动延伸
亲子调查表：种子的传播方式。

活动附件

活动反思

本次活动旨在让幼儿了解种子的传播方式，感受大自然的神奇。活动前，幼儿对翅果菊已有了初步的认识，前期还玩了翅果菊，进而引出翅果菊的种子是靠风力传播的这个结论。从幼儿积极的讨论中，我们还发现幼儿对种子的其他传播方式很感兴趣，因此，还可以通过活动延伸的亲子调查表，使幼儿进一步了解常见植物种子的传播方式，拓展幼儿认知。

（何晓颖）

四、生活环节渗透　翅果菊的一天

活动缘起

翅果菊花开有非常神奇的特点，一天当中，它有时候是盛开的，有时候是闭合的。这一有趣

的现象,我们希望幼儿能够发现,于是,我们设计了本次活动,带着他们在一天的三个时间点前往观察。

活动准备

经验准备:幼儿对翅果菊有一定的了解。

工具和材料投放:调查表、蜡笔。

活动内容和方式

分别在幼儿入园后、午饭后、放学前三个时间段,以散步的方式带领幼儿前去观察翅果菊。

活动中的指导

引导幼儿仔细观察翅果菊在三个不同时段的状态,并在表格里画出来。

活动延伸

幼儿回家和爸爸妈妈一起收集资料,看看还有哪些植物在一天中会有多重变化。

活动附件

翅果菊一天变化调查表

时间	早	中	晚
翅果菊的状态			

(何晓颖)

⭐ 我和波斯菊的故事（大班）

一、劳动活动　花田小路

活动缘起

幼儿园西面有一块花田，但只能绕着走走、看看，却进不去。怎样让它从"只可远观"变成"可以进入"，从而让这一资源与幼儿更加接近呢？当幼儿生活中出现了这一真实的问题后，教师给予了支持，和他们一起写信给园长。在征得园长同意后，幼儿开始着力打造起心目中的花田小路。

活动准备

经验准备：调查了解不同材质的小路。

工具和材料投放：纸、笔、砖头、雨鞋、手套、设计图。

活动内容

幼儿通过实地走访和观察，了解花田结构，并提出初步预想；分小组设计花田小路，通过投票选出最终方案；分组分工实施。

活动前谈话

（1）花田没有路怎么进去管理与欣赏呢？

（2）铺小路可以用哪些材料？这些材料怎么用？（石头、木头、砖头……）

（3）花田里可以铺几条小路？怎么设计最合适？

指导要点：注意倾听幼儿的想法，引导、帮助幼儿进行表达，给予幼儿表达想法的机会。

活动中的巡回指导

1. 幼儿分组实施。

（1）设计图纸：设计图上可以从5个方向到达花田的中间，那我们的工作也要分成5项，想一想有什么好办法？

（2）小组实施。

指导要点： 指导并支持幼儿分组，引导幼儿通过分工合作的方式进行花田小路的铺设。提供必要的材料与指导。通过劳动，学习其他小组的经验并进行运用。

注意事项： 在活动中引导幼儿少量多次地搬砖，注意自身与同伴的安全，同时尽量按照设计图进行工作。

活动后的交流和讨论

（1）说一说铺小路时的趣事和困难，让幼儿梳理铺小路的经历，并试着用完整的语言进行表述。

（2）活动后可以将设计图展示在活动室里，并进行完善与调整。

活动延伸

在原有铺路经验的基础上，按照一定的规律进行排序活动。

（周　鸿）

二、集体活动　保护波斯菊大行动

活动目标

（1）能运用简单的符号、图画设计波斯菊保护标志，并放置到合适的位置。

（2）了解保护波斯菊的简单方法，增强责任感。

活动准备

经验准备：认识生活中常见的标志，知道标志的含义。

工具和材料投放：纸、笔、标志图片。

活动过程

1.幼儿实地观察花田，发现问题。

（1）带幼儿来到花田进行实地观察，发现有花苗被踩断的现象。

（2）讨论解决方法。

师：怎么保护波斯菊？

指导要点：注意倾听幼儿的想法，引导、帮助幼儿进行表达，给予幼儿表达想法的机会。

幼儿获得的经验：通过观察发现问题，在讨论中能够倾听他人的意见，并接受他人的意见。

2.幼儿观察常见标志。

（1）通过观察了解常见标志的图案。

师：我们一起来观察一下，看看这些标志上都用到了哪些图案？哪些颜色？

（2）分析、总结常见标志的图案。

指导要点：给予幼儿大量的标志图片，让他们通过观察对比，发现禁止标志的特点，明白禁止标志表示的含义。

幼儿获得的经验：能通过观察、比较与分析，发现并描述不同标志的特点。

3.幼儿设计禁止和保护标志。

（1）幼儿自主设计。

（2）幼儿介绍自己的设计。

指导要点：给予幼儿足够的空间；对设计与材料进行充分的讨论，并帮助幼儿将自己的想法运用纸、笔表达出来；引导幼儿进行表达，说出自己的想法。

幼儿获得的经验：知道设计的概念，欣赏他人的设计，并且能够在众人面前表达自己的想法。

活动延伸

幼儿观察、记录花苗生长情况，感受标志的作用。

活动反思

铺设小路后，幼儿对花田的关注更多了。问题也随之而来，幼儿发现很多波斯菊遭到了破坏，这成了本次活动开展的"真问题、真需要"。活动中，幼儿大胆运用学习到的图形与图案，根据自己的想法设计了花田的保护标志，将自己的创作运用于保护之中，这对幼儿来说是一种美好的体验。美中不足的是，本次活动中由于幼儿的关注重点都放在了"保护花田，禁止踩踏"上，因此，他们对禁止标志的关注度高于其他标志。除了禁止踩踏，我们还可以引导幼儿从别的角度开展工作，如不要采摘、定期除草等，以此保护花田，我们可以利用视频或者图片的方式增加幼儿经验的累积。

（周　鸿）

三、写生活动　波斯菊写生

活动目标

（1）运用粗、细、疏、密变化的线条，表现波斯菊的美。

（2）使用多感官感知波斯菊，体验创作的乐趣。

活动准备

经验准备：幼儿进行过写生，有一定的绘画基础。

工具和材料投放：纸、笔、画板。

活动过程

1. 自由观察，发现波斯菊的美。

（1）你看到的波斯菊是什么样子的？（花瓣、花蕊、叶……）

（2）从不同角度观察到的波斯菊是什么样子的？

（3）你在波斯菊上还发现了哪些秘密？

（4）你想怎样画波斯菊？

指导要点：引导幼儿充分观察，说出波斯菊的色彩、纹路等主要特点。可以鼓励幼儿结伴观察，实现经验的互补。

幼儿获得的经验：能够认真倾听他人的话语，并从中获得经验。

2. 幼儿尝试写生，教师指导。

（1）引导幼儿大胆作画，画出波斯菊的主要结构。

（2）合理布局，可以选择一棵也可以选择一丛。

3. 展示作品，互相欣赏。

（1）你喜欢哪一幅画？喜欢它哪里？（从色彩、线条等进行引导）

（2）幼儿相互欣赏，说一说喜欢哪一幅画。

指导要点：引导幼儿大胆表达，说明自己的画作。

幼儿获得的经验：幼儿能够在众人面前表达自己的想法，感受并欣赏他人的作品。

活动延伸

幼儿可以运用多种材料进行写生或用其他方式进行表达。

活动反思

绘画的过程就是从欣赏到创造再回到欣赏的过程,在这样的过程中,幼儿用自己的方式表达对自然的理解以及对美的欣赏。我们将教室搬到了大自然中,没有座椅的限制,幼儿的状态更加放松。由于前期有很多观察经验和照料经验,所以本次活动幼儿的积极性很高,通过实际观察取得的效果远比图片或是想象更多。活动中,重点培养了幼儿的线条组合能力和色彩搭配能力。

(周 鸿)

四、集体活动 测量波斯菊

活动目标

(1)认识、了解测量工具以及使用方法。
(2)尝试运用多种工具对波斯菊进行测量。

活动准备

经验准备:幼儿前期对测量有一定的了解。

工具和材料投放:短绳、树枝、直尺、皮尺、卷尺等。

活动过程

1. 引导幼儿用目测的方法观察波斯菊的高度。

师:波斯菊长得一样高吗?

指导要点:引导幼儿进行讨论,倾听幼儿的语言并及时回应。

幼儿获得的经验:能够在讨论中调动前期的生活经验,并进行讨论。

2.组织幼儿讨论,寻找测量波斯菊高度的方法。

(1)刚才有小朋友说波斯菊有的高、有的矮,那么,哪棵高?哪棵矮?你是怎么知道的?(目测)

(2)有没有办法知道波斯菊到底有多高?认识测量工具(皮尺、直尺、树枝等)。

指导要点:引导幼儿认识常见的测量工具,知道自然测量和工具测量。

幼儿获得的经验:学习运用测量工具,并知道简单的测量方法。

3.幼儿自由选择各种工具,分组进行测量。

交流:

(1)用什么工具测量?有多高?(在记录纸上记录)用什么方法测量的?

(2)(选择一种测量的方法)怎么知道测出来的数字是多少?

(3)为什么测量出来的高度不一样?(测量工具不同、测量的位置不同)

指导要点:指导并支持幼儿分组,在分组后让幼儿选择感兴趣的工具进行测量。

幼儿获得的经验:在实践中证明不同测量工具的效果,并在讨论中寻找到最适合的测量工具。

4.寻找"波斯菊王"。

师:哪一棵是我们花田里最高的"波斯菊王"呢?我们把它找出来,看看它到底有多高。

指导要点:引导幼儿大胆讨论,勇敢地说出自己的发现。

幼儿获得的经验:了解到不同情况下可以使用不同的工具进行测量,测量时的起点要相同。

活动延伸

幼儿可以在测量后通过设计记录表来记录数据。

活动反思

本次测量活动对班级中的幼儿而言是有一定难度的,虽然幼儿普遍接触过直尺、皮尺等测量工具,但是对于测量的方法都知之甚少。通过讨论,幼儿发现"到我的膝盖高""和我的手臂一样长"

等,就是自然测量,并发现用自然测量法测量出来的结果每个人都不一样,所以要用工具来测量。本次活动中,幼儿学习到了测量的一个重点,即测量开始时要保持一端齐平,测量工具要保持直线,但是本次活动没有使用记录本,后期再次进行测量时可以增加使用。

(周 鸿)

五、区域活动 波斯菊拓印

经验联结

花田中的波斯菊陆续开放了,这一片花田成了幼儿的乐园。他们会采摘波斯菊,并把这些花朵带回教室进行加工,活动室里到处都可以看到他们工作的身影,编花环、做书签、做干花,等等,美工区中波斯菊是利用得最多的。本次活动是幼儿自己生成的活动,属于"我和波斯菊的故事"系列活动的后延活动。

活动目标

(1)发挥想象,学会使用敲印的方法进行花朵拓印。

(2)大胆尝试,提高动手能力。

活动准备

经验准备:能够使用锤子等简单工具。

工具和材料投放:各种纸、锤子、波斯菊、敲印视频。

活动内容

(1)幼儿观看波斯菊敲印的相关视频。

(2)幼儿利用现有材料进行波斯菊的敲印。

活动要求

（1）在使用锤子的过程中注意自身与同伴的安全。

（2）在敲印的过程中寻找适宜的方法，遇到困难时能够想办法解决。

指导要点

引导幼儿大胆尝试，在敲印的过程中注意安全。在幼儿初次失败后进行总结，发现失败的原因（纸张不适宜、用力不均匀等），引导幼儿再次进行尝试（换了餐巾纸后拓印效果更明显）。

活动延伸

将幼儿作品在教室中进行展示，在美工区中投放鲜花、树叶、锤子、布料等以便幼儿进行尝试。

活动附件

（周　鸿）

单个活动方案

一、劳动活动 种植薄荷（小班）

活动缘起

一天早上，梓萱发现自己自然角种植的植物死掉了，她很伤心。旁边的小朋友安慰她可以再种一棵新的植物。可种什么呢？"种薄荷吧！"雯雯提议。"为什么要种薄荷呢？"老师问。"薄荷可以让教室变得香香的，还可以把蚊子赶走呢！"听到雯雯的话，不仅梓萱，连旁边的小朋友都想一起种了，那大家就一起来种植薄荷吧！

活动准备

经验准备： 了解薄荷种植的基本方法。

工具和材料投放： 剪刀、瓶子、花盆、泥土、铲子、报纸。

活动内容

（1）在园内寻找并剪取一些薄荷枝条。

（2）用水培和土培两种方式种植薄荷。

水培方法： 采摘一枝新鲜的薄荷，将瓶子里灌大半瓶水，将薄荷枝条的底部插入水里。

土培方法： 挖一个小洞，将薄荷枝条的底部放进洞里，用土把洞填满，轻轻按压，然后浇水。

（3）种植后持续进行观察。

活动前谈话

（1）孩子们，我们需要种植薄荷，可以用什么来种呢？在哪里可以找到薄荷？

（2）有什么种植方法？你观察到水培和土培是怎么做的呢？

（3）有哪些注意事项需要提醒大家？

比如：在剪薄荷的时候要选取合适的枝条，注意长度适宜；水培时，瓶子里的水要适宜，保证薄荷的茎在水里；不使用剪刀时，需把剪刀的刀口闭合，注意安全。

活动中的巡回指导

重点指导幼儿如何选择薄荷枝，告诉他们剪多长比较适合。选择薄荷时，可以选择侧面比较小的薄荷枝，在剪的时候，适当留长一些。

在水培的时候，引导幼儿观察薄荷枝的两头，需要把剪断的那头枝条插入水里，枝条需要喝到水，薄荷才会存活。

土培翻新泥土时，需要用铲子将泥土铲碎，可以将大的泥块敲一敲，在种植时需要注意，薄荷的枝条要尽量插得下面一点，然后用泥土压一压，让薄荷枝更加稳固。

活动后交流和讨论

（1）你采用了哪种种植方法？

（2）你在种植过程中有没有遇到困难？怎么解决的？

（3）你们还知道哪些植物也可以进行水培和土培呢？

活动延伸

（1）通过"我陪你长大"活动，引导幼儿每天观察、照顾薄荷（浇水、锄草、晒太阳、去黄叶等）。

（2）调查还有哪些植物可以进行水培和土培？

活动附件

（张玲玲）

二、区域活动　一篮狗尾草（小班）

经验联结

秋天正是狗尾草长得旺盛的季节，在户外活动中，幼儿无意间发现了狗尾草，并将狗尾草拔出来互相嬉戏，还将狗尾草毛茸茸的部分放在嘴唇上当作胡子。狗尾草实在太多了，种植地、山坡区、涂鸦区、果园区等地方都有。这些狗尾草毛茸茸的，还很柔软，要是投放到美工区里，他们会用来干什么呢？

活动目标

（1）学会用排笔对狗尾草进行染色。

（2）感受染色的乐趣，以及创作的乐趣。

活动准备

经验准备：会用排笔涂色。

工具和材料投放：狗尾草、玻璃瓶、卡纸做成的小篮子。

活动内容

（1）幼儿选择一根狗尾草，用排笔蘸上自己喜欢的颜色，涂在狗尾草上。

（2）将涂好的狗尾草插入玻璃瓶中晾晒。

（3）将晾干的狗尾草插入用卡纸做成的小篮子中，形成一篮狗尾草。

活动要求

（1）在涂色时，需要将狗尾草毛茸茸的部分全部染上颜色。

（2）根据自己的喜好将不同颜色的狗尾草插入纸篮子中。

指导要点

（1）在涂色时，需要多蘸点颜料，幼儿一手捏住狗尾草的茎转动，一手将颜料涂在狗尾草上。

（2）狗尾草插入纸篮子时，要注意长短和方向，尽量将纸篮子插满。

活动延伸

在美工区投放更多的自然材料和工具，让幼儿体验涂色的乐趣。

（顾萍）

三、集体活动　蔷薇花开（中班）

活动背景

4月的幼儿园里花朵竞相开放，其中最吸引孩子们的是那一墙的蔷薇花。蔷薇花虽然美丽，花期却很短，幼儿每天在这里流连，总希望能把这份美丽留下来，于是他们有的拍照，有的写生……

这次,我们学习一种新的美术手法——晕染,通过美术活动"蔷薇花开",让幼儿用绘画的方式留住这份特有的美丽,并体验晕染活动带来的惊喜和成就感。

活动目标

(1) 能用晕染的方法表现蔷薇花的姿态。

(2) 感受晕染特有的艺术效果,体现美术创作的快乐。

活动准备

经验准备:认识蔷薇花的经验。

工具和材料投放:水彩颜料、宣纸、水彩笔、排笔、装有水的杯子、晕染画视频。

活动过程

1. 谈话,描述蔷薇花的形态。

师:你们看到的蔷薇是什么样子、什么颜色的?

指导要点:知道蔷薇花的基本形态,知道蔷薇花在枝丫上是一簇簇生长的,花瓣的色彩是有细微变化的。引导幼儿在接下来的操作过程中,表现出蔷薇花的紧凑感,并用晕染的方式表现出花瓣的渐变色彩。

2.了解晕染的方法。

（1）欣赏作品，了解晕染。

师：看看这些蔷薇，你有什么感觉？和平时我们画的蔷薇有什么不同？猜猜这些画是用什么方法画出来的？

（2）观看视频，学习晕染。

师：你们看到晕染作品是怎样创作出来的了吗？你们有什么不明白的地方吗？

（3）示范晕染，感受晕染。

教师在幼儿画的蔷薇花上用排笔蘸水进行晕染。

师：你们发现了什么？看见发生了什么变化？

指导要点：让幼儿认识所要用到的绘画工具，并能区分与之前不同的绘画手法，通过宣纸、水彩笔、蘸水的排笔的运作，感受纸张上的色彩变化。

幼儿回答，师小结。

3.幼儿操作，画蔷薇。

（1）认识材料。

（2）幼儿操作晕染绘画。

指导要点：在幼儿操作的过程中，提醒幼儿画的螺旋线要紧密些，排笔蘸水不要过多，要让水滴滴落在螺旋线上，静待一会儿。

幼儿获得的经验：在活动的过程中，幼儿不断地感受大自然中美好的事物，如蔷薇花。幼儿也通过认识新的绘画工具掌握了一种新的绘画技巧。

4.作品评价与欣赏。

师：你喜欢那一幅画呢？为什么喜欢？

活动延伸

将操作材料投放到美工区,让幼儿继续观察生活中的其他花草植物,利用晕染的方法继续创作。在集体活动中,绘画螺旋线作为基础线描,可以尝试其他方法,如以圈圈、五角星等形状或线条进行晕染。

活动反思

在本次活动中,通过谈话引导幼儿回忆蔷薇花是什么样子的,教师跟随他们的回答一点点找出蔷薇花的基本形态。在这个过程中,幼儿能不断加深对蔷薇花的经验认知,从而在接下来晕染蔷薇花的过程中用自己的经验表现蔷薇花,并通过绘画的方式将蔷薇花的美丽景象留下来。大自然中,万物生长是短暂的,幼儿可以通过自己的方式将这些美好留存的时间更长一些,获得创造的喜悦。

(劳留晴)

四、区域活动 天空花店(大班)

活动背景

2020年由于疫情的影响,开学入园已是4月,幼儿园里已经春暖花开。在快乐山坡营活动时,山坡上的各种野花野草,特别是大片生长的一年蓬,让幼儿们惊喜万分。他们特别喜欢用野花野草玩扮演游戏,时间一长,渐渐产生了开间花店的想法,"天空花店"第一次的开业地点就在室外山坡上。

经验联结

幼儿对于园内的各种花草已经不再陌生,户外开设的"天空花店"虽然条件简陋,却因花草资源的丰富以及幼儿对花草的喜爱而充满生机。渐渐地,孩子们不再满足于户外的临时游戏场,而希望把"天空花店"开到教室里。于是,他们开始收集材料,筹划"天空花店2号店"。

活动准备

经验准备:对园内的花草有相关经验;活动前观察过花店的布置及运作流程。

工具和材料投放:园内收集的一年蓬鲜花和其他花草、各色手工纸、麻绳、彩带、方块营养泥、棉布、剪刀、卡片、双面胶等。

活动内容

(1)讨论确定开花店的位置,投放收集到的材料,布置花店。

(2)幼儿分工合作,自由选择材料包花,为开花店做准备。

(3) 花店开始营业。

活动要求

包装花束、自制价目表、进行店铺装饰等。

指导要点

注意包花束时配色的美感和选择合适的外包装丝带，学习打结方法。

活动延伸

在天空花店继续投放幼儿园里能收集到的各种花草，并且投放一些花篮和瓶子，让幼儿根据需求自由创作。将花店的花束布置在班级的各个区域。

活动附件

（徐丽娟）

五、集体活动 又见花儿开（大班）

活动背景

在户外活动时，幼儿发现，手掌上、裤腿上总有斑驳的绿色。他们好奇这是什么？从哪里来的？于是，我们开展了"植物色素"的系列探究活动。当幼儿发现原来花花草草里那些漂亮的颜色可以被提取出来时，他们就想要用这些漂亮的颜色，制作一条属于自己的手帕，综合活动"又见花儿开"便应运而生了。

活动目标

（1）能用多种方式装饰手帕。

（2）体验传统工艺创作的乐趣，感受并发现花草的美。

活动准备

经验准备：有过扎染、敲印经验。

工具和材料投放：幼儿提取花草色素时的照片和视频，白色麻布、锤子、皮筋、线，幼儿园内的花草。

活动过程

1. 回忆导入。

观看前期师幼一同提取花草色素的视频，说一说用了什么材料？提取了什么颜色？

2. 讨论。

出示手帕，请幼儿讨论如何装饰手帕。

3. 操作。

（1）初次尝试，教师巡回指导，抓拍幼儿活动的照片。

（2）幼儿展示分享作品。

（3）二次尝试。

指导要点：营造轻松、自主的活动氛围，引导幼儿收集幼儿园内的花草，进行大胆创作。在幼儿尝试失败后，引导幼儿发现并总结失败的原因，鼓励幼儿再次进行尝试。扎染时，重点引导幼儿感受不同折叠手法带来的不同效果；敲印时，重点引导幼儿感受花草的排列组合及上色情况。

（4）完成后，请幼儿自主展示，相互介绍作品。

活动延伸

美工区：提供扎染、拓印材料，供幼儿继续创作。

科发区：提供取色材料，供幼儿继续操作。

活动反思

在本次活动中，幼儿运用了敲印、扎染等多种形式装饰手帕，其中扎结是本次活动的重点与难点，不同的扎结方式会产生不同的染色效果。在活动中，我们重点引导幼儿关注扎染的折叠方法，让他们通过不同的手法，体验"扎结"和"染色"的过程。考虑到幼儿的个体差异，在扎结过程中，我们提供了线和皮筋两种辅助材料，但这两种材料的使用也需要一些手部技巧的支持，如线团的缠绕与打结，皮筋的拉、转、套，在活动开展前，可在区域中提供相应材料，帮助幼儿提前掌握以上技能。

（何毓晗）

六、集体活动　留住秋天的美（大班）

活动背景

幼儿园门口的各种花开得十分绚烂，为了定格这些美丽的瞬间，我们展开了本次写生活动，让幼儿把画板搬到了花儿边上,用画笔来表现观察到的花,体验写生带来的快乐。

活动目标

(1)能自主选择喜欢的一种花进行写生。

(2)感知花的形态结构及与叶子之间的位置关系,用画笔大胆表现。

(3)感受大自然的魅力和写生带来的快乐。

活动准备

经验准备:掌握一定的绘画技能,有初步的写生经验。

工具和材料投放:幼儿画架、素描纸、颜料盘、各色颜料、两支大小不同的画笔。

活动过程

1. 谈话引入。

(1)这些花朵你们认识吗?你最喜欢哪一朵?

(2)请幼儿仔细观察自己喜欢的花朵,并用语言分别描述一下花朵和叶子的形态特征、位置关系。

(3)引导幼儿从花朵的花瓣、枝干、叶子等方面来大胆描述。

指导要点:引导幼儿仔细观察不同花的颜色和花瓣的形态特征。

2. 大胆作画,教师巡回指导。

(1)引导幼儿选择合适的颜料大胆创作,注意花朵的主体位置。

(2)教师提醒作画的方法和要点。从花朵的整体轮廓开始画:主体(花朵)—局部(叶子),注意突出主体以及局部的位置关系,注意画面的布局。

(3)引导幼儿根据需要使用粗细不同的画笔,粗画笔主要用于大面积的绘画,细画笔主要用于精细地方及画面装饰。

3. 欣赏评价。

（1）作品展示，把幼儿的作品固定在画架上，师幼共同欣赏。

（2）让幼儿大胆讲述自己的作品与感受。

活动反思

对于大班的幼儿来说，"花草"永远是他们作画的重要元素，但他们的画又总是千篇一律，内容单一。大自然的美景是最好的创作素材，当幼儿萌发"留住秋天的美"的愿望后，他们更是增加了创作的热情。大班的幼儿已经有很好的观察力，在第一次写生的时候，他们观察到：百日菊有很多片花瓣，乒乓菊的形状像个球，孔雀草的花瓣是渐变的……观察到的点不同，画笔呈现出来的美也不同。在一次次的观察中，孩子们的构图越来越大胆，色彩越来越丰富。

（张晓玲）

七、集体活动　神奇的中草药（大班）

活动背景

最近班上有个叫俊俊的幼儿一直在喝中药。有一次喝药时，他发现喝剩的药渣里有叶子等，闻着还有一股难闻的味道。俊俊就问道："中药是用叶子做的吗？"

幼儿园里的许多花草都具有药用价值，比如，翅果菊的根或是全草可入药，有清热解毒、活血止痛等功效。在前期的各种活动中，幼儿们也总会冒出"各种花草能不能做药？""能做什么药？"这样的问题。于是，我们查阅了介绍中草药的一些资料，还特地去中药铺实地考察，期待这次"神奇的中草药"活动能够为幼儿解惑，并让他们对中草药产生更多兴趣。

活动目标

（1）了解中草药是由植物的某一部分制成的。

（2）知道中草药是我国的传统药物，对中药产生兴趣。

活动准备

经验准备：知道园内有些花草有药用价值。

工具和材料投放：

（1）中药包（叶、茎、根、花、果实）四副；泡好的菊花茶、枸杞茶、千日红茶、茉莉花茶、金银花茶等。

（2）采自园内的枇杷叶和蒲公英。

（3）课件《神奇的中草药》（使用园内的花草照片，如竹叶、翅果菊根等）。

（4）实物投影仪、《春江花月夜》曲。

活动过程

1. 出示常见的几种花草，说说其药用价值。

2. 出示中草药包，了解常见的中药知识。

师：前几天，老师生病了，医生开了四包药，今天我带来了，你们想不想看看都是些什么药？（幼儿分坐四组，每组分发一包中药）

（1）闻一闻中药。

师："先请小朋友用鼻子闻一闻？有什么味道？"

（通过闻刺鼻的中药味道，了解中药的气味特征：味道很大，很刺鼻。）

（2）看一看中药。

师："请大家打开看看，和你们吃过的药有什么不一样？"

（3）摸一摸中药。

观察、了解中药中的原料。

师："请小朋友用自己的小手去摸一摸、找一找，你发现了什么？"

指导要点：提供幼儿表达的机会，适时地加以引导，激发幼儿的兴趣。

（4）播放课件《神奇的中草药》，再次清晰地介绍，让幼儿观察、了解中草药。

（5）教师小结：中草药，有的捏上去软软的，有的是硬硬的；味道有甜有酸，有的闻起来还有清香味呢。生活中一些普通植物的花朵、果实等，经过加工居然可以做成中草药，真神奇！

3. 品尝花茶，了解防病功效。

师："中药不仅能治病，还能防病呢。像我们平时喝的花茶就有防病的效果。"

播放音乐《春江花月夜》，幼儿自主选择、品尝花茶，教师遂一介绍菊花茶、枸杞茶、千日红茶、茉莉花茶、金银花茶等。

活动延伸

介绍李时珍和《本草纲目》。

幼儿获得的经验：通过简单地认识中草药，以及李时珍和他的《本草纲目》，幼儿们感受到了中草药的神奇：生活中的植物可以治病，感受到了中国人的聪明、智慧、伟大。

活动反思

本活动是根据花草的药用价值而展开的，通过生病了喝中药引导幼儿发现园内花草的特殊功效。在活动中，通过闻一闻、看一看、摸一摸、找一找、说一说等多种方法，幼儿了解到植物的叶、根、茎、花、果等都可以做药。在探究花草资源时，幼儿不只去了解花草的外形特征，也会关注花草的药用价值。通过介绍李时珍和《本草纲目》，幼儿了解了中草药的神奇，产生了对花草植物的多种兴趣。在活动最后环节，让幼儿自主地去选择自己喜爱的花茶，去品尝花茶的味道，可以让他们再一次直观地感受身边最简单普通的中草药。

（劳留晴）

活动叙事

⭐ 你好，翅果菊（中班）

缘 起

9月开学，幼儿园的果园里开了许多的小野花：白色的、黄色的、紫色的……班上的女孩子们很喜欢采上一两朵放在手心里"比美"。"我这朵雏菊（大滨菊）是白色的。""我这朵雏菊是黄色的。""我这朵雏菊是紫色的。" ……我疑惑了，幼儿园里的雏菊有那么多颜色吗？走近一看她们手上摊着的花朵，我笑了，"这些都是雏菊吗？""是的。"几个女孩子异口同声地回答。我笑着问道："你们手里的花，好像长得都不太像，你们看，连颜色都不一样呢。"

这些都是什么花呢？

这是"雏菊"吗

"这朵是什么花呢？"贝贝举起手里白色的小花问我。我想起同事之前推荐的形色APP拍照识花功能，立马拿出手机拍照。

"有了，这朵白色的小花是一年蓬。""老师的手机里显示这是一年蓬！"贝贝高举着手中的一年蓬，向小伙伴介绍。

"老师，你快查查，这是雏菊吗？"

"这是马兰花。"老师说。

"哦……"朵朵显得很失望。

"那这朵呢?"彤彤举着手里的花朵。

"雏菊是白色的,你这朵是黄色的,肯定不是。"朵朵说。

"朵朵你怎么知道雏菊是白色的呢?"彤彤问。

"因为我妈妈有一件衣服上的雏菊是白色的。"朵朵说着。

"我妈妈的鞋子上也有。"希希也大声地说道。

"那我这朵是什么啊?老师,你帮我查一查。"再次借助工具后,我们得知它是翅果菊。

"它跟雏菊肯定是一家的。""都有个'菊'字呀。"朵朵两手一摊,一副小大人的样子。

一年蓬
科属:菊科·飞蓬属
植物界的"先锋物种"是什么?

翅果菊
科属:菊科·莴苣属
紫绝的环绕下,一抹白色从容淡芽

马兰
科属:菊科·马兰属
春来花自青,秋至叶飘零

大滨菊
科属:菊科·滨菊属
朝阳底下,白雪映日暮

幼儿们对于自己的发现十分兴奋。回到教室之后,我将在果园区拍摄的照片和大家进行了分享,并让知道花名的朵朵、贝贝和希希进行了介绍。"老师,这些花朵是一家人吗?""它们长得很像。"通过上网查阅,立即得到了答案,原来幼儿口中的"一家人"分别是:一年蓬、马兰、翅果菊和雏菊(大滨菊),它们都属于菊科。幼儿对于果园中的这些小野花产生了兴趣,也因生活中的经验链接到了自己的认识。虽然出现误判,但反映了孩子们强烈的科学探究欲,他们对自己感兴趣的现象给予关注,提出疑问,追根究底,并一起寻求答案,从而加深了印象,更好地拓宽了自己的已有经验。

翅果菊"睡觉"了

一天早上,我们在玩沙区活动。"老师,翅果菊怎么都缩起来了呢?"朵朵大叫道,其他孩子也围了过来。"翅果菊死了吗?""是枯萎了吧?""翅果菊是睡觉了吧?""花也要睡觉吗?""和我家的小猫一样,晚上要睡觉吗?"汐汐挠挠头问道。"那它什么时候开花呢?""应该是要到我们吃好饭才开花。"贝贝肯定地说道。"贝贝,为什么等我们吃完饭翅果菊就开了呢?""因为,昨天中午散步的时候,翅果菊开花了呀。""贝贝,你的记性真好。""那中午散步的时候,我们再去看看吧。"

虽然幼儿对植物的生长有基本的认知,但他们显然对"翅果菊睡觉"这一答案更感兴趣,于是,我答应他们在散步时再观察一下。

那天中午,孩子们午饭吃得特别快。"老师,我们去散步吧,看看翅果菊开花了没有。"一来到玩沙区,孩子们就叫了起来。"开花啦!"孩子们一下子冲了过去。"1、2、3、4、5……""这个开了5朵花。""这边有3朵。""这边有6朵,我这里还要多。"孩子们快乐地数着,"为什么它会开花呢?""难道是和太阳有关,太阳升起来了,它就开花了吗?"朵朵拉拉我,小声地问

道。"要不，明天我们再来验证一下吧。""如果明天没有太阳呢？""那不是正好，可以确定翅果菊开花是否与太阳有关呢？"

放学时间，幼儿们并不能看到傍晚时分的翅果菊是怎样的。于是，我给他们拍下了傍晚的翅果菊，准备明天一早给他们看。大家惊奇地发现：画面中的翅果菊在慢慢地合拢起来。"翅果菊真的要睡觉哦！"计策开心地说着。再次查阅资料，我们发现有很多花都会在晚上合拢起来，这样的现象称为"闭合"。

"翅果菊晚上为什么会闭合呢？"幼儿猜测花朵闭合是为了保护自己，这样晚上它就不冷了。还有人认为，白天的时候蝴蝶会停留在翅果菊上帮它传播花粉，晚上蝴蝶睡觉了，所以它也睡觉了。《3—6岁儿童学习与发展指南》（以下简称《指南》）中提出：4～5岁的幼儿能对事物或现象进行观察比较，发现其相同与不同。在幼儿的讨论、分享中，大家你一言、我一语地诉说自己的发现，在一起揭秘翅果菊是否会睡觉，他们知道了翅果菊夜间闭合的科学现象。在和翅果菊不断的亲密接触中，他们仔细观察翅果菊的生长情况以及它的生长环境。在大自然中学习有意想不到的学习效果，幼儿的自主探究能力和语言表达能力，令人刮目相看。

【为什么很多花都是白天开花，晚上闭合】

这是植物对自身的一种保护方式。首先，闭合的花朵可以抵御夜晚的寒冷和恶劣天气，避免恶劣环境对花朵内部造成伤害；其次，闭合的花朵可以将露水隔在花瓣的外面，使花粉保持干燥，以便白天的时候干燥的花汾能沾在路过的昆虫身上，达到传粉的目的；最后，大多数花朵晚上闭合，还能防止夜晚的飞蛾或者某些蝙蝠来采集花粉，对花粉造成浪费。当然，也有一些花主要是靠飞蛾来授粉，因此是晚上开放，而白天闭合的，比如昙花。

翅果菊与蒲公英

时间一天天地过去了,孩子们总会在不同的户外区域看到翅果菊,他们有着各种发现。"这里也有翅果菊!""怎么会有这么多的翅果菊呢?"……

一声"翅果菊变成蒲公英啦",让所有孩子都挤到了那一株翅果菊面前。这一发现,让我也感到了惊奇。我翻出手机百度,查阅资料,把得到的结果同大家一起分享:这个白色毛茸茸的球,原来是翅果菊的种子。翅果菊的种子也像蒲公英一样,被风吹一下,就会到处飞,飞到哪里就会在哪里安家,等到来年,生根发芽,开出黄色的小花。

"我知道为什么会有这么多的翅果菊了。"贝贝骄傲地说着,"因为翅果菊的种子会到处飞呀。"几个孩子一口气吹散了翅果菊的种子。"以后会有更多的翅果菊啦!"

"没有屋顶也是教室。"的确,幼儿意外获得经验,远比在教室里听老师讲来得更生动。在新经验的获得过程中,不仅仅孩子们有收获,教师也收获了未知领域的知识与经验。在大自然的教育素材中,孩子们和教师在互动中亲身体验、实践探究,通过对翅果菊的关注,体验大自然的变化,享受大自然带给自己的美好。

翅果菊之王

翅果菊,有高矮!

在户外音乐区活动的时候,孩子们又发现了许多翅果菊。

"老师,这里也有翅果菊。""你们看,有好多,这里也有!"……孩子们来回地寻找着这片区域中的翅果菊。

这时，计策跑到了隔壁的球绳区。当他跑回来时，显得非常兴奋。"老师，老师，那边的翅果菊长得矮，这边的翅果菊长得高。"他指着音乐区的翅果菊大声说，还拉着我的手跑到了球绳区。"老师，你看，是不是？"接着，他又拉着我跑回了音乐区。"这棵高吧？"后面跟着的小朋友七嘴八舌地说道："这棵翅果菊真的好高！"

计策突然钻进去，站到了翅果菊的边上。"翅果菊比计策高。""你们看呀。"好多孩子都好奇地看着，计策非常得意地站在翅果菊的边上。其他孩子也都试着站在了这棵翅果菊的旁边和它比高矮。孩子们发现自己都比它矮。"这棵翅果菊好高啊！""它到底有多高呢？"……

评选翅果菊王

回到教室之后，孩子们还在讨论翅果菊的高度。我将照片投放到了电视机屏幕上，让孩子们观察，并提出了问题：为什么音乐区的翅果菊长得高？球绳区的长得矮？孩子们猜想：音乐区这边的土壤肥沃，水多（因为每次去音乐区游戏的时候，草地上有很多的露水，土地也比较湿润）。查询资料后显示：翅果菊喜欢温暖湿润的生长环境，它根系入土深，耐旱，但久旱则生长缓慢。这一结果证实了大家的猜测。"那么，音乐区的那株翅果菊到底有多高呢？"

看了电脑上的照片,孩子们想到了一个绝妙的点子:我们同翅果菊比身高。先在教室里比出班上个子最高的孩子,然后让他同翅果菊进行比较。经过一番比较,右右被推荐为代表同翅果菊比较高矮。最后,得出的结论是:音乐区里那株翅果菊赢了。孩子们惊叹:这株翅果菊是幼儿园里的翅果菊王。

《指南》中对幼儿提出的要求是:能对事物或现象进行观察比较,发现其相同与不同;能根据观察结果提出问题,并大胆猜测答案;能感知和发现动植物的生长变化及基本条件。在本次活动中,孩子们在观察中发现了两个区域中翅果菊生长情况的不同,并由此推测了植物生长条件的不同。他们对"谁是幼儿园的翅果菊之王"产生了兴趣,因此想办法进行了比较,最终选出了"翅果菊王"。在寻找答案的过程中,幼儿在照片的提示下,决定通过比身高选出班上个子最高的小朋友去跟翅果菊比的方法。虽然比高矮的过程中遇到了一些问题,如:人多怎么办?(可以分组进行两两相比)比高矮时应怎样站?(要站在翅果菊的对面,靠得近一点,身体要站直)但他们都巧妙地运用先前的经验,及时解决了遇到的问题。当孩子们确定音乐区的那株翅果菊是幼儿园内最高的一株时,我问:你确定吗?你与别的区域的翅果菊进行过比较吗?孩子们立马决定,去不同的区域寻找翅果菊,然后同它比身高。我随着他们的脚步探寻一个个户外区域,最后得到了结果:音乐区中的那株翅果菊是最高的。对待孩子的问题我们要仔细聆听,及时提出适当的建议,把握好教育契机,激发孩子的兴趣,释放孩子的天性,支持幼儿去自主探究学习。

"上亿"的翅果菊花苞

孩子们找到了园内的翅果菊王,又发现了园内翅果菊生长最多的区域。随着他们对翅果菊探索的深入,他们的观察也越来越细微。他们发现,每一株翅果菊都有好多个花苞。那么,到底花苞有多少个呢?孩子们自发地组织了一场"数一数翅果菊花苞"的比赛。

1、2、3、4、5、6、7、8、9……耳边传来了数数的声音。"啊呀，太多了，我不会数！""快点来，我数不清了！""谁来帮帮我？""这株31个。""这株58个。""这株好多，84个。""这株51个。"……贝贝一直在不停地数着、报着。"贝贝你怎么这么厉害啊？""因为我学过数数！"贝贝骄傲地回答。"这里应该有1个亿吧，贝贝，我数了一个亿，都还没数完。"朵朵笑着跟贝贝说，"但是，我想再数一数。"其他的孩子也在努力而认真地数着。

　　"花苞有多少个？"是激发幼儿数数的原动力，尽管很多孩子还不能准确地数出更大的数，但兴趣和内需，让他们产生了一股学习的热情。数不下去，请求帮助；数乱了，就重新开始。在整个数数的过程中，我并未打断他们的热情，即使听到数错了，我也只是积极地帮助他们记忆数到的花苞个数。感知和体会某些事物可以用数来描述，可以激发幼儿对环境中各种数字含义进一步探究的兴趣。

　　"啊呀，我不记得了。"我摸着脑袋，无奈地看着孩子们。"我们是不是可以把数的结果记录下来呢？""老师，我还不是很会写大的数字，你帮我们记，我们数。""好吗？老师。"我点点头，孩子们数数，我记录。看着他们对数数的热忱，让我由衷地感到，我们有时更应该注重孩子的学习过程而非结果。

尾　声

　　幼儿园里的一片翅果菊，引发了一个秋天里的课程活动，促进了幼儿们走进大自然。

　　陈鹤琴先生指出："大自然是我们最好的老师，大自然充满了活教材，大自然是我们的教科书。我们要张开眼睛去仔细看看，要伸出两手去缜密地研究。"此故事源于我们户外活动时的一次偶然发现，兴趣是最好的老师，经过一段时间对翅果菊的探索与发现，我们一步步化解疑问，让幼儿收获了成功的喜悦。

《指南》在科学领域中明确指出:"经常带幼儿接触大自然,激发其好奇心与探究欲望。"在探究翅果菊的活动中,幼儿对翅果菊的好奇以及产生的问题正是他们认知大自然的出发点,从开始对翅果菊会变蒲公英的好奇,到在不同户外区域中对翅果菊的探秘,到通过比身高选出园内最高的翅果菊,再到数翅果菊花苞的比赛,幼儿们的知识经验在生活中慢慢积累起来。中班幼儿喜欢新鲜的事物,有强烈的好奇心,探索欲望强,针对这一年龄特点,我们始终坚持"发现—讨论—优化问题—将活动丰富化"这样的路径,幼儿们通过活动获得了新经验。

教育无小事,对幼儿有教育意义的事情,我们必须灵活机动地把握好教育契机。努力释放幼儿的天性,让教育回归本真,在实践中求真求实。在探索的过程中,我们一路支持幼儿,和他们一起通过提问、探究、验证的方式寻找自己想知道的答案,幼儿在共同的探讨中解决了问题、获得了真知、体验了乐趣。

(劳留晴)

⭐ 我们和花的那些故事(大班)

缘 起

2018年的春天,中(3)班产生了一个新的话题:"幼儿园里开了那么多花,都叫什么名字?"一时间,我们在户外听到最多的就是这样的声音:"那是什么花?"

知道花的名字很简单,我们期望它能变成一段有趣的历程。于是,我们做了这样一件事:和孩子们商量,把问题带回家,与家长一起寻找答案。在一个多月的时间里,孩子、老师、家长共同努力,一起寻找答案。人工种植的19种花被幼儿们一一牢记,海棠花、石榴花、月见花、蔷薇……

在一段时间里,中班孩子们的话题都没离开过那些花,班级还围绕花的主题开展了种花、护花、藏花、画花等系列活动。这样的主动探究、学习正是大家所要追求的。

花开有多久

时间很快,转眼就是2019年的春天了,幼儿园里花团锦簇。

一次饭后散步,孩子们发现果园区的垂丝海棠枝头已经有了一串串红艳艳的花苞。"我知道,这是海棠花,有那么一大串花苞,它能开很久吗?""现在是3月哎,海棠花到几月就看不见了呢?""那3月份还有哪些花儿也要开了?开到什么时候就谢了呢?"

告诉孩子这个答案很简单，可活动也就随之结束了。于是，我把问题抛给大家，问大家有什么办法找到答案？"我们可以百度。""可以问种花的爷爷。""我们可以观察，还可以画下来。"看来，大班的幼儿已经具备了一些解决问题的经验，于是我说："观察记录是个好办法，或许我们可以试一试。"同时，我告诉大家，只要坚持观察，坚持记录，就能知道什么花，什么时候开、什么时候凋谢。"记录花期有多长？"这个活动就开展起来了。

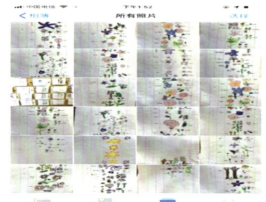 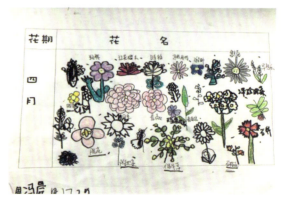

怎么记录呢？"我们去把幼儿园里已经开的花全部画下来！""这个办法好。"孩子们你一言我一语地讨论着，并决定要制作一张关于花期的表格，表格按月记录。这真是一个好主意，我马上给予支持，并帮助他们绘制了表格的雏形。孩子们既兴奋，又积极，开始了记录工作。

梅幼三月花开

序号	资源	地点	花开照片
1	天蓝绣球花	果园快乐营 山坡快乐营	
2	紫花地丁	涂鸦区快乐营 大型玩具西一片	
3	婆婆纳	种植快乐营	
4	蚕豆花	种植快乐营	

梅幼四月花开

序号	资源	地点	照片
1	白车轴	大型玩具区草地上	
2	金山绣线菊	木质长廊区	
3	月见花	果园快乐营	
4	雏菊	沙水快乐营 果园快乐营	

梅幼五月花开

序号	资源	地点	花开照片
1	蜀葵	快乐涂鸦营	
2	黄鹌菜	快乐交通营	
3	朱顶红	快乐果园营	
4	泥胡菜	快乐音乐营 快乐种植营	

在找到适合孩子研究记录的途径后，陪伴他们，并给予适当的支持，帮助他们梳理找到的答案，就是我的后续任务。

在观察了孩子们制作的表格后，我发现：他们记录的每一种花都是不同的，比如花瓣，有爱心型的细叶美女樱，风扇型的蔓常春，椭圆形的月见草，短线发散的一年蓬，细长的雏菊……可见，孩子们的观察是细致的，他们在完成这项任务时的态度无比专注。在这样的活动中，他们不仅收获了认知发展，而且锤炼了学习品质。

野花叫什么

在调查花期的时候,孩子们发现除了去年认识的花儿,不知为什么幼儿园草地上又冒出了很多不知名的花。

小费:"老师,这个紫色的花去年都没发现,它叫什么名字?"

昕昕:"这花可真漂亮!"

子晨:"我最喜欢紫色了!"

昕昕:"老师,这朵小花是野花吗?"

老师:"这个紫色的小花我也不知道名字,怎么办呢?"

诗琪:"我们拍张照片,到网上找找。我妈妈一直这样的。"

小费:"老师,你拍张照片发给我奶奶,我奶奶对田里的植物都认识的。"

孩子们对小野花的名字产生了浓厚的兴趣。那么,这朵花儿到底有没有名字?叫什么名字呢?

第二天,陶元早早来到幼儿园,神秘地对我说,他知道紫花的名字了。他在集体面前介绍了婆婆纳的知识。我发现,平时有点胆小的陶元,在介绍的时候表现得很自信,语言也很流畅。

这下子,孩子们寻找各种各样野花的积极性更高了,为了知道野花的名字。孩子们有的去问有经验的爷爷奶奶,有的去问园里年长的老师,也有的直接去问种花叔叔的。最后,他们发现了一个神奇的工具:"形色"APP,当孩子们看到老师拍下花的照片就显示出详细信息时,兴奋得不得了。这段时间里,有孩子得到家长的支持,带来了手机,老师和孩子俨然成了幼儿园里的花草专家。

在幼儿园里,到处都能看到孩子们寻找野花、记录花期的身影。宝盖草、婆婆指甲菜、婆婆纳、野豌豆、蛇莓、通泉草、一年蓬、看麦娘……孩子们的热情因为一直有新的发现而持续着。他们认识了很多花,探究能力、分类能力、观察能力也都获得了发展。他们不断地在大自然中感受着美、欣赏着美、表达着美、创造着美。孩子们的个性变得更加自由奔放,做事变得更加认真投入,孩子间的交往也变得更多,整个过程充满着探究的愉悦。

随着调查花期和野花之名活动的展开,孩子们的记录表越来越丰富,他们时不时地几个人凑在一起互相介绍。看到这一情形,我们决定每天增加一个分享时刻。

一周多的时间,每天10多分钟的轮

流分享让我们收获了惊喜,幼儿和我们一起给这个分享会起了个名字,叫"我和花儿那些事"。平时内向、不敢举手发言的孩子也都能上台表达了,看着他们小脸上散发出的自豪与满足,我深深感受到了活动的价值和意义。

可见,适时地给幼儿搭建一个表达的平台,收获的一定不仅仅是知识。

做爸爸妈妈的小导游

家长对孩子们研究花花草草也是很支持的。

周末,小费的妈妈专门打来电话,说小费这个阶段对植物特别感兴趣,他们全家今天去了吴江的胜地公园,小费一路走一路介绍花儿,细叶美女樱、飞燕草、马鞭草……因为都是紫色的,且模样长得差不多,爸爸妈妈也不认识。小费给他们解说,爸爸妈妈觉得特别骄傲。小费妈妈还说,小家伙说长大了要当个植物学家,研究大自然里神秘的植物朋友。听了小费妈妈的电话,我很惊喜。兴趣是幼儿最好的老师,它可以激发孩子的热情、好奇心和求知欲,愿孩子们能从兴趣出发,快乐地学习、自主地研究、愉悦地享受这个过程。孩子们迫不及待地想跟家长们分享自己的成果,正好不久后幼儿园要举行家长开放日活动了,这个机会孩子们可不会错过,"做小导游"这一活动就自然地融入了家长开放日中。

"我要带爸爸来,我爸爸最喜欢种花了!""我要带我妈妈,还要让妈妈拍点照片。"孩子们纷纷表达着自己的想法。

子晨:"我们从哪里开始介绍花呢?先介绍哪一朵呢?"

琛琛:"我要先带妈妈去果园区看月见花,再去交通区看凌霄花,然后带妈妈去滑滑梯那看细叶美女樱"。

梓豪:"你妈妈要头晕的。要有计划哦!"

昕昕："幼儿园里不是有地图嘛，按地图走就可以找到你想去的地方了。"

琛琛："对的，还有找宝藏的地图！"

昕昕："我家里有 Hellokitty 乐园的地图，我明天带过来！"

"除了地图，导游还要准备什么？"抛出这个问题后，孩子们开始争着表达自己的想法，"要有导游旗。""要发名片。""要有宣传海报。"……大家的想法很多，但很快，大家又讨论到了一些细节问题，比如，地图怎么做？每人一张还是分组一起绘制呢？邀请函要怎样制作？需要哪些材料？写些什么？

最终，孩子们把重点放在了制作"幼儿园花草导览图"上。当天的活动非常成功，家长们对孩子们的表现刮目相看。"像逛了一圈公园，认识了公园的花花草草，孩子们太棒了！""这么多花，他们怎么记得住？真得厉害！""搞得我也想上幼儿园了，真是有趣的活动。"在"做小导游"中，孩子们表现出的责任感和使命感真的让老师和家长很感动，大家为孩子们感到自豪。

合理利用家长开放日这个平台,在活动中架起幼儿与家长、幼儿园与家庭之间的桥梁,可以让幼儿的表现被看见、让幼儿园的课程活动被看见。这样的活动不仅让参与的每一个孩子获得了发展,也让我们相信:孩子的潜力是无穷大的,只要合理地挖掘资源,给他们足够宽松的环境,给他们充分表达的机会,他们就会给我们惊喜。

还想知道什么

家长开放日是对前期活动的一次总结,但孩子们对花草的探索并没有结束。户外活动时,他们还是到处寻找着花草的"惊喜"。

"老师快看,这个蛇莓和草莓一样是红色的!"王橙子拉着我来到山坡区。她指着蛇莓:"蛇莓能不能吃?""蛇莓肯定是蛇吃的吧?""老师,你说是不是蛇的果子?""吃了会中毒吗?"一个个问题,犹如连珠炮似的向我抛来。

"老师,鼠曲草有没有药用价值?""老师,白茅呢?""老师,一年蓬能不能泡茶喝?"……孩子们想解开的问题一个接着一个,于是,我们对花的探究逐渐延伸到了与中草药相关的系列活动当中……

尾 声

在一所花草资源丰富的幼儿园里,幼儿对花草的兴趣不断被激发、不断得到延展,这也是课程游戏化项目推进之后呈现出的课程样态。教师不仅是课程方案的执行者,更是课程的规划师,可以充分利用资源,随时捕捉幼儿感兴趣的、需要的内容生成各种丰富有趣的活动,从而让幼儿获得成长。

在这样一个花草资源引发的系列活动中,我们看到:教师只要关注到幼儿的兴趣点,了解幼儿想要知道的问题,运用适当的方式给予幼儿支持与帮助,就可以看到幼儿在收获知识过程中的渴求与执着,以及在收获知识后的自信与满足。这是一个跨越一年的历程,期间得到了家长的充分支持,也让家长了解了幼儿园课程活动的价值。一年多的活动十分丰富,教师充分利用幼儿园的资源和环境给幼儿带去实践、研究、学习的机会。这也是一个不间断的学习过程,是新信息不断地和原有的认知相融合的过程,愿幼儿们和老师一直都能快乐有趣地自主学习。

(徐丽娟)

⭐ 凌霄花开了(大班)

缘 起

9月的一天,我们在交通区骑车。冯博渊头仰得高高的,用手指着墙上喊道:"喇叭花!喇叭花!"只一会儿,好几个幼儿就围了过来,他们讨论着:"这喇叭花长得真高啊!""怎么会有这么多的喇叭花聚在一起?""我见过紫色的喇叭花,橙色的还是第一次见到呢!""这是喇叭花吗?"人群中有一个小小的声音在说。我没有急着回答,而是带着大家往涂鸦区走,因为那里有他们熟悉的喇叭花。

　　计沁尧一看到喇叭花就叫了起来："喇叭花在这里,你们快看!"孩子们不淡定了,宋雨琪挠着头说:"好像和刚才看到的不太一样。"吴语昕看了又看,说:"那刚才看见的是不是喇叭花呢?它长得也像一个小喇叭!" 孩子们在心中埋下了疑惑:"这是喇叭花吗?如果不是喇叭花,这究竟是什么花呢?"

登高看花

  第二天,大家仍旧在交通区玩。孩子们抬头看着喇叭形状的花再次讨论了起来。"这究竟是什么花呀?"王汐涵说:"它长得太高了,只能看得出是个喇叭的形状。"朱思源说:"对啊,怎么可以看到它呢?"王嘉亿说:"把它采下来吧!"范骏说:"太高了,也采不到啊!而且采花是不行的,还是我们爬上去看吧。"……孩子们想看花的愿望如此强烈,于是我让他们自己想办法、出主意。"搬些轮胎垫在下面吧!"王嘉亿说道。"那需要很多很多的轮胎吧。""对啊!把操场上的轮胎都搬来可能都不够。"说着他们的小眼睛往操场一边看去。"哇!有好多梯子呀!我觉得我们需要一个梯子!"黄煜鑫喊道。"我也觉得梯子不错,比轮胎轻很多吧。"杨颖妍说。

  大家觉得搬个梯子来是不错的想法。那么,谁去搬梯子呢?朱思源说:"我力气大,我来!"施源也说:"我的力气也很大,我来吧!"于是,两个人跑了过去,他们一起抓住一个小爬梯的一端,一下子就把梯子翘了起来。不料,搬起这头,另一头就拖在地上。好不容易才拖了几步。这可怎么办呢?一边的盛柳骐跑了过来,一下子扶起梯子的另一边,说:"我来帮你们一起搬。"大家一起加油,终于合作将梯子运到了花下。

  吴诗瑶第一个爬了上去,她看了看花,右手紧紧抓住爬梯,左手轻轻捧起一朵闻了闻,说道:"香香的,有一、二、三、四、五,共五片花瓣!"另一边的袁芋皓也爬了上来,"好多好多的花是开在一起的。"又有几个小朋友爬上梯子,杨颖妍说:"它的花瓣是橙色的,里面的花蕊是黄色的,这样看和喇叭花一点也不像。"张筱雅说:"像一个个橙色的小喇叭。"大家专注地观察起花儿来了。当幼儿积极思考问题时,也正发展着自身的探究能力。

花花草草

爬梯是幼儿户外游戏时经常玩的，想到借助爬梯看花，说明幼儿对自己感兴趣的事情可以进行知识迁移和经验分享。虽然在搬运爬梯时遇到了一些困难：一个人搬不了爬梯怎么办？爬梯遇到路牙子怎么办？但是，通过分工合作、齐心协力、克服困难，就能达成目标。作为教师，应引导幼儿在接触事物中积累有益的直接经验，鼓励并支持他们用适宜的方法分析、解决问题，最大限度地满足他们获取经验的需要，并且保证活动的安全。

这是什么花

孩子们"看花"的愿望终于得到了满足。回到教室后，他们热烈地讨论起了自己看到的花儿与喇叭花的异同。吕潇然说："这肯定不是喇叭花了。"苏畅说："我也觉得，长得一点儿也不像。"孩子们更加好奇了：这到底是什么花呢？我建议他们用绘画的方式记录下自己看到的花和喇叭花。

经过探索，大家发现自己看到的花与喇叭花既有相同之处，也有不同之处。

不同之处：（1）花的叶子不同：喇叭花的叶子光滑，自己看见的花的叶子有锯齿。（2）喇叭花的花瓣没有明显分割，而自己看见的花的花瓣一片片很明显。（3）喇叭花的茎细，自己看见的花的茎粗。

相同之处：两种花都长得像小喇叭，而且都会爬得很高。它们没有主杆，依靠墙面或者别的植物生长。

我建议孩子们把画好的画带回家，并把拍的照片也发到家长群里，利用周末，和爸爸妈妈一起去发现，弄清这是什么花。

很快周一到了，晨谈的时候，幼儿就开始分享关于"神秘"花的知识了。

朱晨欣说："橙色的小喇叭是凌霄花。"

幼儿们热烈地迎合着："对！对对对！"

"原来我姥姥家大门口有凌霄花。"

"爸爸帮我用手机查的，拍下图片就可以识别了，它是一种爬藤类植物。"

"这就是凌霄花，妈妈说它还是一种中药呢！"

"爸爸带我去公园里找凌霄花了，它们都生长在墙面上。"

"我爸爸说这也叫五爪龙，大概是因为它有五片花瓣。"

……

经过周末的寻找、探索、发现，孩子们终于知道了花的名字——凌霄花。原来凌霄花又叫"五爪龙"，是一种爬藤类植物，它也有药用价值，可以凉血祛风、镇痛消炎。

孩子们在观察对比后终于发现自己看见的并不是喇叭花。他们将两种花画了下来,回家后通过和爸爸妈妈一起查阅资料,知道了花名,了解了关于凌霄花的知识。在探究中,家长的配合与支持,不仅使家长了解了孩子们班级里开展的活动,而且也促进了幼儿的成长。

凌霄花的小脚丫

在观察凌霄花和喇叭花时,细心的琪琪说:"凌霄花有好多好多的小吸盘呢。"瑶瑶说:"对呀,像很多咖啡色的小脚丫紧紧抓着墙面。""那喇叭花也有那么多的小脚丫吗?"孩子们发现喇叭花并没有小脚丫,它是靠细细的茎螺旋往上,缠绕着别的植物的枝干生长的。施源问:"那别的会爬的植物也是像它们一样生长的吗?"我让幼儿回家问问爸爸妈妈,一起查阅资料,明天把有关爬藤类植物的知识分享给大家。

第二天晨谈时，幼儿就谈论起了"爬藤类植物"的知识。宋雨琪说："爸爸和我说了，像喇叭花一样茎细细的，就是草质藤本。"盛柳琪说："对，我和妈妈一起网上查的，茎细细的就是草质藤本，像凌霄花那种粗粗的，像小树枝一样的茎就是木质藤本。"一边的钮徐泽也说道："我和妈妈一起找了草质藤本，丝瓜、豌豆都是草质藤本。"他们热烈地分享着关于木质藤本和草质藤本的知识。原来，凌霄花和喇叭花都属于爬藤植物，但是，根据茎的结构可以分为木质藤本和草质藤本。一些利用自己细细的茎进行螺旋攀岩的就是草质藤本，比如喇叭花，有木质化茎的就是木质藤本，就像凌霄花一样。

孩子们的兴致可高了，"幼儿园里有好多爬来爬去的植物，它们是木质藤本，还是草质藤本呢？"我们一起设计了记录表，决定开展一次藤本植物大调查，带着表格去幼儿园里寻找、分析、归类、写生。袁芋皓："凌霄花旁边的爬山虎是木质藤本！我看到它粗粗的茎了。"屠辰谦说："快看这面墙上，都是木质藤本了，我们画下来了。"走到音乐区，细心的胡静芸又发现了空调外机上缠绕着的很多爬藤植物，她摸了摸，说："这是草质藤本，它的茎细细软软的。"幼儿在音乐区发现了很多很多草质藤本。孩子们还在种植地里发现了丝瓜，一下子就认出是草质藤本，他们还发现，凌霄花的邻居金银花和常春藤也都是木质藤本。

在观察凌霄花的生长方式时,孩子们发现凌霄花有很多脚吸附在墙面上,和喇叭花的生长方式不同。由此,我们开展了藤本植物大调查的活动,对爬藤植物进行了分类。作为教师,应注重引导幼儿通过直接感知、亲身体验和实际操作强化科学认知能力。我们要支持幼儿自发的调查活动,并对其发现给予赞赏。

凌霄花不见了

11月,天气渐渐变冷了。在午间散步时,我们又走到了交通区。钮徐泽拍着身边的小朋友说:"你们快看,凌霄花都不见了!"周祺夏说:"对啊,怎么只剩下树枝了?"孩子们听到后都凑上前去,想一探究竟。胡婧芸说:"你们快看,这里都是凌霄花的枝条。"冯雯馨挠着头问:"难道凌霄花都被砍掉了?"几个幼儿拿起凌霄花的枝条看了又看,吴雨汐说:"应该是被剪掉的。"施源说:"谁剪的呢?为什么要把凌霄花剪掉呀?"盛柳骐说:"是长得太多了吗?"吴瑾菡说:"是不是拿去当柴烧了?我奶奶经常会捡很多树枝生火。"宋雨琪说:"凌霄花是不是准备过冬了呢?"这时,园丁叔叔带着一根麻绳,准备把剩下的凌霄花都捆走。幼儿上前追问园丁叔叔:"为什么要把凌霄花都剪掉呢?"原来凌霄花在冬季来临前需要把枝干修剪掉,留下主干就可以了,这样明年花才会开得更加鲜艳茂盛。

在回去的路上,朱晨欣说:"凌霄花现在光秃秃的,别的班的小朋友会不会以为它死了呢?"王嘉亿说:"是啊,他们会不会去破坏这些树干呢?"吴诗瑶说:"那我们得保护凌霄花啊!"华子妍说:"我们做一些宣传,让别的小朋友也知道为什么要剪掉凌霄花的枝条,为什么不能破坏它们。"

回到教室后,孩子们自发地进行了"设计宣传标语——保护凌霄花"的活动,他们把自己的想法都画了下来。经过塑封、穿洞,他们将标语牌都挂在了凌霄花的铁丝架上。

对于凌霄花的消失，幼儿先猜测，再询问园丁叔叔。幼儿对于光秃秃的凌霄花都感到担忧，自发进行了保护凌霄花的活动。作为老师，应支持、鼓励幼儿大胆想象和联想，并通过询问园丁叔叔验证自己的猜想。幼儿独特的笔触往往蕴含着丰富的想象和情感，所以，要支持、帮助幼儿挂标语、做宣传。

凌霄花茎有多长

1. 比一比，初次测量

看着被剪下来的凌霄花，盛柳骐拿起一根花茎说："这有多长呢？"钮徐泽说："应该比这面墙高吧，它都长得比墙还高了。"盛柳骐拿着花茎贴在钮徐泽身后，他先蹲下身子，把花茎的一头对准钮徐泽的脚，然后站起来说："这花茎比你的身高还长好多呢！你有多高呀？"钮徐泽说："我125厘米。"盛柳骐说："那肯定比125厘米还要长。"一边的宋雨琪说："要知道多长，拿把尺子量量不就知道了。"

2. 直尺测量

于是,我们把花茎带回教室,拿来了直尺、记号笔,王嘉亿说:"我们把花茎放在地上量吧,我来按住这一头。"吴启昊拿着尺子开始了测量,嘴里说着:"1、2、3、4……"吴诗瑶拿着记号笔配合着在花茎上做标记。"这里怎么变弯了呢?"吴启昊说。"那怎么量呢?肯定不准了。"测量又失败了。

3. 借助麻绳

花茎该怎么测量呢？吴语昕说："直直的尺不行，肯定要换一种工具。"苏畅看了看说："我有个好主意，可不可以拿教室里的麻绳来量。"吕潇然说："对啊！然后再量绳子有多长不就可以了！"于是，几只小手按着花茎的各个部分，吴语昕拿来麻绳，麻绳量到哪里，小手就紧紧将绳子和花茎按在一起。终于麻绳量到了最后的位置。"咔嚓！"盛柳骐剪下了麻绳。孩子们兴奋地拿着花茎，盛柳骐说："这麻绳看起来比花茎长多了！"袁芋皓说："直尺的长度不够啊，而且像上次一样做标记我也数不清楚。"华子妍说："我家里有卷尺，可以拉好长好长呢，肯定够了。"第二天，华子妍带来了卷尺，很快大家就测量出了麻绳的长度，有170厘米。

由剪下来的花茎引发了测量活动，活动中以幼儿为主，借助不同的测量工具进行测量。幼儿通过观察、比较、操作、实验等方法，发现问题、分析问题和解决问题，不断积累经验。作为教师要善于发现和保护幼儿的好奇心，找准幼儿的兴趣点，激发他们探究的兴趣，让他们体验探究过程，发展初步的探究能力。

尾 声

  幼儿在交通区发现了"喇叭花",细致观察后,发现它和印象中的喇叭花并不完全一样,于是,对未知事物的好奇一下子引起了幼儿浓烈的探究兴趣。他们对不知名的花产生了好奇心。作为教师,要善于发现并保护幼儿的好奇心,做一个"有心人",用一颗敏锐的心去捕捉幼儿的兴趣。教师充分利用自然,在实际生活中,引导幼儿直接感知、亲身体验和实际操作。

  在一系列的活动中,教师不断支持并鼓励幼儿去发现问题、解决问题,并不断跟随幼儿的兴趣设计课程、开展活动,让幼儿在持续的探究中不断有新的收获与发现。随着冬季的到来,凌霄花不见了,但幼儿对它的探究并没有结束。原来,花资源可以利用的不仅仅是"花",还有更多"花"背后的内容。

  凌霄花作为园内的一处课程资源,其教育价值还有很多,我们将和幼儿一起等待明年初夏的到来,等待凌霄花再开,也等待更多有趣的、有价值的课程活动一一出现。

(周晗婧)

后　记

　　构建适合儿童发展的学前教育课程并努力落实，是实现幼儿园培养目标的重要途径，也是贯彻落实《3—6 岁儿童学习与发展指南》的重要途径，更是实现学前教育高质量发展的重要途径。

　　"什么是幼儿园课程？""幼儿园课程在哪里？""如何追随儿童的兴趣设计课程？""如何将身边的资源开发成为促进幼儿发展、让幼儿获得有益经验的活动？"这些一直是幼儿园老师们面临的问题和挑战。吴江区各幼儿园根据自身实际情况，开启了园本提升、内涵发展、课程建设的实践探索征程。

　　十年课程实践，得到了广大幼儿园老师、家长、领导、专家等的关心和支持。十年来，吴江区绘制了幼儿园课程改革蓝图，组建了"学前教育发展共同体"，成立了省内外专家指导团队。在专家沉浸式、伴随式、持续性的指导下，各种问题逐渐有了答案，困惑逐渐解开，幼儿园找到了从身边资源入手，追随幼儿兴趣，开展多样化活动，助力幼儿积累有益经验，促进幼儿全面发展的课程建构路径，并在国家级、省级、市级的教学成果奖评选中频频获奖。

　　本套丛书是吴江区各幼儿园课程探索的缩影，共十三册，分别由吴江区鲈乡幼儿园鲈乡园区、鲈乡幼儿园越秀园区、平望幼儿园、盛泽实验幼儿园、芦墟幼儿园、黎里幼儿园、梅堰幼儿园、铜

罗幼儿园、青云幼儿园、桃源幼儿园、北库幼儿园、舜泽幼儿园、横扇幼儿园、八坼幼儿园这十四所幼儿园合作编写。本套丛书从策划到呈现,离不开负责各册编写的幼儿园老师们的实践智慧和无私分享,离不开吴江区其他幼儿园老师的支持和帮助,更离不开虞永平、张春霞、张晗、张斌、苗雪红、胡娟、杨梦萍等专家团队长期以来的精心指导和鼓励。在丛书编写过程中,苏州大学出版社的领导、编辑给予了老师们极大的肯定,虞永平教授更是在百忙中抽出时间为本套丛书作序,张春霞老师在编写中全程悉心指导,在此一并表示衷心的感谢!

  生逢盛世,奋斗正当时。我们处在大有可为的新时代,在党的二十大精神指引下,吴江幼教人必将扬帆再起航,继续深耕幼教这块沃土,为实现学前教育高质量发展而努力前行!

钱月琴
2023 年 5 月